Manifesto antimaternalista

Vera Iaconelli

Manifesto antimaternalista

Psicanálise e políticas da reprodução

3ª reimpressão

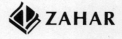

Copyright © 2023 by Vera Iaconelli

"O que será?", de Chico Buarque (citado às pp. 153-4): 100% © Marola Edições Musicais Ltda. Todos os direitos reservados.
"Traduzir-se", de Ferreira Gullar (citado às pp. 128-9): © Herdeira de Ferreira Gullar

Grafia atualizada segundo o Acordo Ortográfico da Língua Portuguesa de 1990, que entrou em vigor no Brasil em 2009.

Capa
Elisa von Randow

Imagem de capa
Luna I, 2020, de Hilda Palafox. Acrílico sobre tela, 120 × 120 cm. Coleção particular.

Preparação
Cristina Yamazaki

Checagem
Érico Melo

Revisão
Carmen T. S. Costa
Adriana Moreira Pedro

Dados Internacionais de Catalogação na Publicação (CIP)
(Câmara Brasileira do Livro, SP, Brasil)

Iaconelli, Vera
    Manifesto antimaternalista : Psicanálise e políticas da reprodução / Vera Iaconelli. — 1ª ed. — Rio de Janeiro : Zahar, 2023.
    Bibliografia.
    ISBN 978-65-5979-130-9

    1. Gravidez – Aspectos psicológicos 2. Mães – Psicologia 3. Maternidade – Aspectos sociais 4. Mulheres – Sexualidade 5. Psicanálise I. Título.

23-159743   CDD-150.195

Índice para catálogo sistemático:
1. Psicanálise : Psicologia   150.195

Tábata Alves da Silva — Bibliotecária — CRB-8/9253

Todos os direitos desta edição reservados à
EDITORA SCHWARCZ S.A.
Praça Floriano, 19, sala 3001 — Cinelândia
20031-050 — Rio de Janeiro — RJ
Telefone: (21) 3993-7510
www.companhiadasletras.com.br
www.blogdacompanhia.com.br
facebook.com/editorazahar
instagram.com/editorazahar
twitter.com/editorazahar

À Gabriella e à Mariana, que me introduziram no ofício da maternidade ao mesmo tempo que me empurravam para fora das falsas premissas do maternalismo.

Ao meu amor, Júlio César, cuja existência comemoro todos os dias.

Sumário

Sobre cuidar das novas gerações   9

Maternalismo   11
Origens   13
E a maternidade, o que é?   21
Mulheres? Quais mulheres?   31
Em busca do orgasmo perdido, ou O que quer uma mulher?   38
A miragem do instinto materno   44
O sofrimento feminino pela perspectiva de Freud   57
As contradições do maternalismo   63
Psicanálise e maternidade   82
A preocupação materna primária e o modelo uterino de cuidado   95
Genitoridade, perinatalidade e parentalidade   106

Reprodução de corpos   111
Perinatalidade: gravidez, parto e pós-parto   113
Algumas considerações sobre a reprodução de corpos   118
Psicanálise e corpo erógeno   122

O Eu e a imagem corporal   133

Do que é feito um bebê?   142

O parto   149

Bebê não nascido de mãe, ou Quando o pai dá à luz   169

Reprodução de sujeitos   173

Parentalidade   175

Constituição subjetiva   185

Funções constituintes da subjetividade   198

Assunção subjetiva do parentesco   206

Conclusões   211

O que leva alguém a ter filhos?   213

Agradecimentos   223

Notas   225

Referências bibliográficas   241

Sobre cuidar das novas gerações

A QUESTÃO QUE TODAS AS COMUNIDADES humanas estão condenadas a responder, e o fazem cada uma à sua maneira, é como se incumbir das próximas gerações. A nossa não parece ter chegado a bom termo para dar conta de fazê-lo, haja vista a vulnerabilidade na qual se encontram as crianças entre nós. Os embates pela responsabilização sobre o cuidado com as próximas gerações são embates políticos, e constituem o que chamo aqui de políticas da reprodução.

A insistência num modelo anacrônico de cuidado, baseado na inteira responsabilização das mulheres,* é fonte de inúmeros sofrimentos e adoecimentos que observamos na clínica, reiterando a ameaça ao nosso futuro. Embora o cuidado com as próximas gerações seja um tema relacionado a muitos campos do saber — política, economia, história, sociologia —, me propus a refletir aqui sobre a mentalidade que imputa à mãe e, acima de tudo, à genitora um papel insubstituível no cuidado com as crianças, mentalidade presente no discurso maternalista reproduzido pela psicanálise. Para explicar o surgimento e o sentido do discurso maternalista dentro da psicanálise, teremos que trilhar um pequeno percurso ao longo dos capítulos deste livro. Nesse momento, no en-

---

* A categoria "mulher" será problematizada no decorrer do texto.

tanto, diria que o maternalismo é o discurso através do qual a sociedade justifica e reitera o lugar das mulheres — reduzidas à função de mães e trabalhadoras domésticas não remuneradas — no exercício de tarefas imprescindíveis para a consolidação e manutenção do capitalismo, como a reprodução social.

A psicanálise é contemporânea desse que veio a ser o discurso hegemônico sobre o cuidado com a prole a partir do início do século xx. Passado mais de um século, urge indicar os pontos nos quais maternalismo e psicanálise se retroalimentam, apostando que a teoria criada por Sigmund Freud ainda é capaz de fazer frente à forma ideológica e misógina de interpretar os lugares de pais e de mães junto aos filhos. Vejamos.

Maternalismo

Origens

Minha mãe foi entregue para adoção na maternidade onde nasceu. Saiu de lá nos braços de meus avós. Um médico, ciente de que o casal não conseguia engravidar, lhes avisou que havia uma criança recém-nascida sendo entregue. Minha mãe só descobriu que era adotada aos seis anos, escutando inadvertidamente a conversa dos adultos. Nunca se soube o paradeiro dos genitores de minha mãe. Não se sabe se era um casal ou uma mulher sozinha. Reza a lenda, no entanto, que ela seria fruto de uma gravidez gemelar e que o casal, "estrangeiro", teria ficado apenas com o menino.

A adoção "à brasileira"* e o segredo que lhe foi imposto, quando revelados, trouxeram o significante "enjeitada" ao seio familiar, marcando para sempre o lugar da minha mãe. A partir daí, a filha mais velha dos meus avós — eles engravidaram do meu tio logo em seguida — passou a viver estigmatizada pela mancha moral decorrente da revelação de sua origem.

Adoções feitas às escondidas exigem arranjos e dissimulações que produzem sofrimento. Se para alguns estratos da sociedade a entrega de um filho para ser cuidado por outras

---

* Trata-se de adoção que não segue as formalidades da lei e que, portanto, está sujeita a punições na esfera civil e penal.

pessoas — familiares ou vizinhos — pode ser considerada uma prática frequente e legítima, para outros pode ser motivo de vergonha e humilhação. Enquanto algumas famílias comportam a *mãe que ganhou* (genitora), a *mãe de leite* (que amamentou) e a *mãe de criação* (que se ocupou dos cuidados) e agregados que chegam a ser tratados como filhos biológicos, a família da minha avó, como muitas de sua geração, era totalmente capturada pelo discurso hegemônico, no qual "mãe só tem uma". Nele, a única filiação aceitável é a do filho biológico comum ao casal heterossexual casado. Fora dessa lógica, restam os enjeitados, os bastardos envoltos em segredos familiares. No amplo espectro das condições socioeconômicas, o mesmo enredo comporta variadas interpretações e desfechos.

Sobre a mulher ou o casal que entregou minha mãe na maternidade, então, nada se sabe, num gesto de apagamento que inclui os funcionários da instituição e familiares próximos. A desconsideração quanto aos genitores se revela um caminho sem volta, impedindo que o eventual desejo de ter alguma proximidade ou informações sobre o paradeiro da criança possa encontrar um lugar de endereçamento.

Com a chegada da criança-dádiva, foi uma questão de tempo para que uma mudança de casa apagasse os rastros de sua origem, preservando o segredo. Numa eventual capitulação da mãe que gestou, cujas condições adversas podem ser inferidas pela forma improvisada como se deu a entrega de sua recém-nascida, ela não teria como reaver a criança, ou nem sequer ter notícias dela. Minha mãe, por sua vez, só pode imaginar quem teriam sido esse homem e essa mulher através dos traços que observou no próprio corpo ao longo da vida.

Minha mãe me contou que era adotada quando eu tinha treze anos, pois desconfiei de uma inconsistência genética entre ela e seus pais: seus olhos verdes não tinham precedentes na família. Contou sobre a adoção como quem confessa algo e teme retaliação. Eu desconsideraria meus avós? Enxergaria minha mãe com reservas? A desprezaria? Ela tinha cinquenta anos na época, mas foi só aos oitenta, trinta anos depois dessa conversa, que a ouvi comentar na frente de conhecidos que tinha sido adotada. Oito décadas se passaram entre a criança "enjeitada" e aquela mulher que podia dizer sem medo que havia tido uma "mãe que a ganhou" e uma "mãe que a criou", ainda que não usasse essas palavras. Ela jamais se referiu à genitora, apenas ao fato de ter sido entregue em adoção: "Fui entregue para adoção na maternidade". Da perspectiva dela, sua única mãe era a avó que conheci.

Começo com essa história particular por entender que não perseguimos temas de pesquisa: são eles que nos perseguem e, desde o inconsciente, nos fazem sonhar e produzir. No meu caso, o segredo sobre a adoção "à brasileira" de minha mãe, a perda precoce de dois irmãos e o nascimento de minhas filhas são o pano de fundo de um desejo de saber sobre as origens e sobre a finitude que não dá mostras de arrefecer. Tampouco é irrelevante que esse pano de fundo se dê numa família de classe média alta e branca, em uma grande metrópole, em um país de maioria não branca sem representatividade política, revelando o lugar de onde parte minha fala, ainda que com a pretensão de ir além.

Há muitas formas de abordar um objeto de estudo e cada uma fracassa a seu modo — fato que a psicanálise tem por princípio manter no horizonte de suas pesquisas. E é disso que trata o conceito de castração imortalizado por Freud. Longe de se referir à perda de uma parte do corpo, como ficou consagrado no imaginário social, a castração diz respeito ao reconhecimento de nossos limites. Dela decorre que nos posicionemos eticamente, sem usá-los como desculpa para a inércia. Ela é tanto a condição como o limite de realização de algo.

Jacques Lacan dá um passo além na formulação de Freud, e aponta que não há linguagem que dê conta da experiência humana, a qual sempre nos escapará. Portanto, a castração é dada pela própria linguagem, que deixa de fora um resto inassimilável. Seguimos tentando abarcar esse resto, que não cessa de nos driblar, ao qual Lacan dá o nome de objeto *a*. Ele opera como promessa de satisfação última e definitiva que, por ser da ordem do impossível, nos mantém produzindo mais e mais. Por estarmos condenados a satisfações parciais, a falta permanece como motor que causa o desejo, pois sem ela não há o que desejar. Somos obrigados, então, a seguir tentando dizer sobre o indizível. E é isso que me move — e comove — em direção à pesquisa sobre a maternidade: a necessidade de avançar no entendimento das relações entre os gêneros, entre maternidade/paternidade e da experiência de gestação/parto, dentro da nossa época, em diálogo com as questões interseccionais, a partir de uma chave de interpretação psicanalítica. Meta ousada, que não tenho a pretensão de esgotar.

SABER COMO SE PRODUZEM e como se reproduzem os discursos que fazem sofrer é um dos objetivos centrais da psicanálise. Nós nos constituímos, adoecemos e curamos pela linguagem e sua eterna tentativa de dar conta de uma existência que a excede. Para isso é importante reconhecer em que enredo se organiza a tarefa reprodutiva em nossa sociedade e como ele torna mais ou menos aceitáveis nossas diferentes origens.

A teoria que Freud apresentou ao mundo no fim do século XIX vem sendo trabalhada à luz dos desafios que os séculos XX e XXI nos apresentam. Engana-se quem pensa que a psicanálise se resume ao espaço caricato de um consultório, uma poltrona e um divã, imagem reveladora do aburguesamento a que ficou associada. Temos pelo menos duas fontes que demonstram o contrário: a história do movimento psicanalítico resgatada recentemente por pesquisadores[1] e a preocupação perene de Freud com as questões sociais, presente em seus textos mais célebres.[2]

Elizabeth Ann Danto revela que, após a Primeira Guerra Mundial, o inventor da psicanálise deu uma guinada política, exortando seus colaboradores a assumirem uma postura crítica e engajada em relação ao social. O tratamento dos soldados psiquicamente traumatizados pelos horrores da guerra, à época considerados covardes, a preocupação com o adoecimento em massa da sociedade e a pobreza alarmante levaram à busca por uma psicanálise acessível a todos os necessitados. Clínicas públicas foram criadas, fomentadas por mecenas, enquanto se almejava a inserção do tratamento psicanalítico no serviço público.

A ascensão do nazismo fez com que judeus e pessoas ligadas à psicanálise tivessem que fugir para outros países e continentes. Freud, de origem judia, escapou graças aos esforços da princesa Marie Bonaparte e se exilou em Londres em 1938, onde morreu no ano seguinte, de câncer de laringe. De suas cinco irmãs, quatro morreram em campos de concentração.

Psicanalistas tiveram que se adaptar às expectativas dos lugares que os acolhiam, criando novos sotaques para a psicanálise. O tom social das clínicas públicas não encontrou o mesmo apelo e respaldo em solo norte-americano, devido ao desconforto com discursos que remetessem a práticas de inspiração socialista. A necessidade de sobreviver em solo estrangeiro começando do zero impediu a continuidade de atendimentos não remunerados em escalas mais ambiciosas. O caráter revolucionário da psicanálise foi sendo reduzido ao âmbito da clínica privada, e as aspirações de psicanalistas pioneiros/as foram adaptadas ao que as novas condições exigiam. A estabilidade financeira e o reconhecimento social de uma clínica privada de sucesso acabaram por reduzir as aspirações mais revolucionárias. Mas esse capítulo obscuro da perseguição antissemítica a psicanalistas e a seus colaboradores, bem como às aspirações libertárias da prática psicanalítica, não apagou a vocação social dos textos e atos primordiais da psicanálise, e hoje uma nova geração se mostra cada vez mais engajada em resgatar a radicalidade de Freud.

NA AMÉRICA LATINA, a teoria freudiana aportou já marcada pela lógica da clínica privada e com inconteste acento colonial, e precisou de décadas para começar a ser lida em uma chave mais crítica, que levasse em consideração as condições de vida do latino-americano. Foi trazida por uma elite branca que tinha a pretensão de aplicá-la aqui nos moldes de frequência e honorários europeus, e que tomava os conceitos como verdades universais. Vale lembrar o caso de Virgínia Bicudo, primeira psicanalista sem formação médica no Brasil, primeira analisante da América Latina, mulher negra, cuja biografia revela evidente pioneirismo, mas que precisou fazer sua análise em Londres para ser reconhecida por seus pares daqui.[3]

Pela crítica social, mas também pela conscientização racial, a psicanálise brasileira dos anos 1960 e 1970 foi marcada pela tentativa de alguns grupos de descolonizá-la, enquanto outros se alinhavam vergonhosamente com a ditadura militar.[4] A busca por um discurso atravessado por condições e sofrimentos próprios de nossa realidade encontrou em Lélia Gonzalez, M. D. Magno, Hélio Pellegrino, Maria Rita Kehl, Betty Milan, Jurandir Freire Costa e Joel Birman, entre outros expoentes, uma leitura crítica da psicanálise brasileira.

NAS ÚLTIMAS DUAS DÉCADAS, a teoria psicanalítica tem sido interpelada pelos estudos de gênero e das relações raciais, pela pesquisa decolonial e pelo aprofundamento da reflexão sobre os efeitos do neoliberalismo na construção das subjetividades.[5] Não é sem tensão que a teoria que já foi considerada a mais revolucionária de sua época hoje se deixa criticar por outros saberes.[6] A crise que pode advir desse confronto é absolutamente necessária, uma vez que o que já foi tido como transgressor em uma dada época tende a ser assimilado pelo status quo. Se a psicanálise quiser continuar a fazer jus ao seu caráter inovador, deve dialogar com outras teorias de forma horizontal.

No Brasil, psicanalistas têm trabalhado a intersecção entre esses saberes, com contribuições de grande relevância que nos colocam à frente de muitas discussões no âmbito internacional.* A entrada de um contingente considerável de jovens negros no ensino superior, fruto da política de ações afirmativas, vem mudando a cara de quem pode ser analisado, e de quem pode estudar a teoria psicanalítica e se tornar psicanalista no Brasil. Essa renovação encontra muitos obstáculos, por ir na contramão das expectativas sociais em nosso país, nas quais a formação superior — e todos os demais acessos à mobilidade social — é imensamente dificultada para pretos, pardos e indígenas. A busca por diálogo com outras áreas de conhecimento se mostra importante sobretudo quando pensamos na leitura psicanalítica da maternidade, ainda hoje marcada pelo discurso *maternalista*. Mantenhamos em mente que a subjetividade não se dá fora da época e da cultura, sendo, pelo contrário, seu efeito e sua causa.

Mesmo se a psicanálise não fosse meu campo de estudo e minha área de atuação, seria impossível eu falar em maternidade sem me debruçar sobre a teoria que mais revolucionou sua compreensão e que também foi responsável por muitos mitos ligados a ela.

---

* Autores como Lélia Gonzalez, Patricia Porchat, Christian Dunker, Pedro Ambra e Rafael Kalaf Cossi, entre outros.

E a maternidade, o que é?

"Maternidade" é um termo curioso pela multiplicidade de sentidos que conjuga e pelos paradoxos que cria. Pode significar a relação de parentesco com os filhos, mas também o hospital onde se costuma parir. "Mãe" é um significante que contempla a mulher que deu à luz, a mulher responsável pelo filho sem tê-lo parido, a mulher que é responsável legalmente mas que não se ocupa do filho. "Materno" pode ser o adjetivo para descrever uma certa qualidade de cuidado despendido pela mãe, mas também pelo pai, por quem cuida, pelo/a psicanalista!

O termo "mãe" se liga ao mito de que a genitora é o tipo preferencial de mãe, aquela que teria dotes naturais para a função. Nesse caso, diz-se, desde o tempo do Império, que *"Mãe só tem uma!"*, para distingui-la da ama de leite, ama-seca ou babá, que eram as cuidadoras de fato.[1]

Aparentemente, em todo lugar, e portanto em nenhum com muita clareza, o termo revela nossa dificuldade em entender, afinal, o que seria uma mãe e qual a diferença entre a função materna e a dos/as demais cuidadores/as das crianças. Ao tentar elencar essas diferenças, vemos que a convenção social prevalece, não havendo nada de intrinsecamente natural sob esse significante.

Por tocar na questão central sobre nossa origem, que sempre nos escapa, o significante "mãe" dá margem a infindáveis pistas falsas. Não podendo responder ao "De onde viemos?", nem ao "Para onde vamos?", temos a palavra "mãe" fazendo véu para o incognoscível.

"Mãe" é um termo que pode migrar com o gênero, conforme o sujeito se reconheça homem ou mulher. Frequentemente, homens transgênero* se autodenominam pai e mulheres transgênero se autodenominam mãe, mas nem sempre. Como nos mostra Patrícia Porchat,[2] esse é um indício importante do trabalho simbólico envolvido na nomeação de pai/mãe, que vai além dos atributos biológicos, dos papéis sociais e mesmo do gênero. Casais homossexuais também encontram formas próprias de se nomear diferenciando dois pais ou duas mães.**

Quando Margaret Mead descreveu o cuidado carinhoso e ostensivo que os pais do povo Arapesh, da Nova Guiné, dedicavam a seus filhos recém-nascidos, ela usou a palavra "materno" para qualificá-lo.[3] Ao mesmo tempo que revela

---

* Usa-se o termo transgênero para referir a pessoas que não se sentem identificadas com o sexo que lhes é atribuído ao nascer. Cisgênero, por outro lado, é a pessoa cuja identidade de gênero corresponde àquela atribuída às características anátomo-fisiológicas ao nascer. Inclui pessoas nascidas com ovários/útero/vagina, convencionalmente denominadas "mulheres", que se identificam como mulheres, e as nascidas com pênis/testículo, que se identificam como homens. Veremos que em algumas etnias tradicionais há relatos de casos nos quais a infertilidade, a menopausa ou a escolha pessoal permitiam que sujeitos nascidos com útero fossem assimilados ao grupo dos homens e se tornassem pais, por exemplo.
** Usarei a transgeneridade masculina como paradigma que rompe a ideia hegemônica de paternidade e maternidade na medida em que esses ideais são fortemente tributários da interpretação biologizante da maternidade. Os atravessamentos ideológicos ligados à orientação sexual serão apontados como formas heteronormativas ou, de maneira mais geral e inclusiva, como violência contra sujeitos dentro do espectro LGBTQIAPN+.

um mundo no qual pai/mãe desempenham a mesma função para o nascituro — com exceção da tarefa de aleitar —, a antropóloga não imaginava que esses possam ser cuidados paternos. De sua perspectiva europeia oitocentista — nesse e em outros aspectos nada distante da atual —, o materno se traduz por uma qualidade de cuidado associada ao gênero feminino, mesmo quando realizado por um homem.*

Hoje são cada vez mais frequentes os pais que se dedicam aos filhos de uma forma até então considerada exclusivamente feminina. Ainda são poucos em comparação com o comportamento hegemônico, mas revelam uma mudança de mentalidade crescente. Teremos que qualificá-los como pais maternais ou eles podem receber mérito próprio? Guardaremos "cuidados maternos" como adjetivo? Se o fizermos, seria em nome de quê? Qual a relação disso com o fato de que, na reprodução, a mulher cisgênero e o homem transgênero ficam com a parte da gestação, do parto e do aleitamento? Seria a biologia o fator determinante? Se sim, como qualificar a relação de pais/mães adotivos ou de mulheres transgênero com seus filhos? Seria uma competência intrinsecamente feminina, mesmo quando a mulher não concebe? Como avós, outros parentes e também cuidadores/as em instituições podem criar as crianças sem serem considerados mães/pais de fato?

Pai e mãe ainda são considerados a dobradinha de ouro, entendida muitas vezes como composta de elementos cuja falta comprometeria o psiquismo infantil. Mas estão aí as mães

---

* Uso "recém-nascido", "rebento" e "nascituro" por nem sempre se tratar de filho.

solo e os casais lésbicos e gays com filhos para provar que a realidade é muito mais rica e promissora do que a cartilha heteronormativa pretende fazer crer.

Nos casos de disputas de guarda, cabe a psicólogos, juízes, advogados, conselheiros tutelares, assistentes sociais e demais envolvidos reconhecerem qual é o imaginário de parentalidade e família que lhes serve de guia nas decisões que tomam e que afetam milhares de vidas todos os dias. Na função de psicanalistas, somos testemunhas de como essas decisões afetam também, profundamente, os profissionais que lidam com o futuro de famílias e de crianças. Reconhecer as fantasias inconscientes que movem decisões sobre guarda e cuidados é uma das questões fundamentais a serem pensadas na interpretação dessas disputas.

Para melhor entender os embates de nossas políticas da reprodução, proponho percorrer um caminho que vai da *reprodução de corpos* à *reprodução de sujeitos*,[4] ciente de que se trata de uma divisão cuja barreira é tênue e movediça. A reprodução do corpo está ligada, por um lado, à materialidade reprodutiva, ou seja, ao processo a partir do qual se obtém o produto da concepção: uma estrutura anátomo-fisiológica da espécie humana, a qual chamarei de *organismo*.* De outro lado, se essas estruturas serão alçadas — ou não — à categoria de *corpo*, como entendido

---

* Usarei o termo "organismo", em seu sentido usual, para me referir à reprodução da estrutura anátomo-fisiológica. O psicanalista Christian Dunker, no entanto, ao sugerir o conceito de corporeidade, propõe a palavra "organismo" para se referir ao caráter imaginário do corpo, ligado à constituição do Eu. Optei por não seguir seus passos aqui para tornar o texto mais inteligível para leitores de fora do campo da psicanálise. Aos interessados na concepção de Dunker, recomendo vivamente: C. Dunker, "Corporeidade em psicanálise: Corpo, carne e organismo".

pela psicanálise, dependerá de seu reconhecimento a partir das coordenadas simbólicas, e não de sua existência material. É o simbólico que determina, com base no reconhecimento de uma certa imagem nomeada como tal, o que é corpo, o que é potencialmente um corpo e o que é dejeto.

Nem sempre a concepção desemboca na reprodução de um sujeito.* Nem sempre um sujeito chega a se constituir, pois não basta ter a materialidade do organismo. A constituição subjetiva implica a produção de um outro corpo, que se baseia no *corpo erógeno*. A questão da psicanálise é justamente como de um organismo pode emergir um corpo. E a resposta passa pelo corpo de quem cuida,** cuja subjetividade já está constituída.

Esse processo só é possível se lhe for oferecida uma certa qualidade de relação muito específica, desde os primórdios. Supor que haveria um trajeto automático ou simples, como ocorre com outros mamíferos, que mal nascem e já adquirem autonomia e o comportamento próprio da sua espécie, é ignorar o que seja a natureza humana.

Já do lado dos pais, o erro recorrente é supor que a experiência da gestação, do parto, do puerpério ou da amamentação seria capaz por si só de tornar alguém mãe ou pai de fato. Se não há relação de causa e efeito entre a experiência

---

* Os temas da reprodução de sujeitos, da parentalidade e da constituição do sujeito serão abarcados na terceira parte do presente livro, "Reprodução de sujeitos".
** Uso "quem cuida" ou "cuidador/a" para englobar pais, mães, demais parentes, pessoas responsáveis pela criança sem grau de parentesco, profissionais em instituições que se incumbem delas. Usarei "pai" e "mãe" apenas nas situações nas quais, dentro desse leque de possibilidade de cuidadores, se tratar de uma relação de filiação.

da reprodução e a constituição subjetiva no bebê, tampouco estará garantida a assunção subjetiva do parentesco pelo simples nascimento da criança. Inseminar e parir nunca fizeram de ninguém pai ou mãe, e os bancos de sêmen e as barrigas de aluguel ou solidárias* estão aí para exemplificá-lo.

A biologização e a naturalização do tema impedem que vejamos com acuidade qual a relação entre procriação e assunção de maternidade/paternidade. Mas, se a reprodução não garante o tipo de laço nem a tarefa de criar, não se deve ignorar a complexidade da experiência reprodutiva e seus efeitos na subjetividade e nos laços sociais. A experiência de gestar, parir e aleitar não deve ser confundida com qualquer garantia ou com uma determinada qualidade de cuidado. Tampouco os efeitos do ciclo gravídico-puerperal podem ser negligenciados. Resta separá-los de falsas expectativas que levam a equívocos e sofrimento.

Se a genitora costuma ser considerada o "padrão-ouro" no cuidado com a prole, obviamente não se trata de qualquer uma, pois imputa-se a certa classe de genitoras o topo da hierarquia de quem cuida de uma criança. Sejamos mais exatos: trata-se da mulher, cisgênero, heterossexual, casada, branca, com recursos financeiros, adulta.** Padrão que, ao ser

---

* No Brasil, o termo correto é "barriga solidária", uma vez que, segundo a resolução n. 2294/2021 do Conselho Federal de Medicina (CFM), "a cessão temporária do útero não poderá ter caráter lucrativo ou comercial". No entanto, não há ainda leis brasileiras, mas tão somente resoluções do CFM e um provimento do Conselho Nacional de Justiça (CNJ).
** Classe, gênero e raça são marcadores fundamentais para se pensar o *valor* atribuído a quem pode ou não ser mãe em nossa sociedade. Com a menção a "adulta" refiro-me ao contraponto com a parentalidade na adolescência, hoje condenada, mas em algumas épocas e lugares altamente desejada.

usado como norma, reproduz o ideário hegemônico e opressor responsável pela patologização de outras configurações parentais e de outros/as cuidadores/as e pela reprodução de desigualdades sociais.

Assim, crianças sob responsabilidade de pais, de mães que não pariram, de outros parentes ou de profissionais estariam social e psiquicamente condenadas por não receberem os cuidados da maternidade padrão-ouro. Nessa lógica, os filhos de outra realidade, que não cumpre esse imaginário racista, classista, familiarista e misógino, poderão, por exemplo, ser "salvos" por adotantes em melhor classe social, numa prática de circulação de crianças que tem dimensões globais.

Mas se, como dito, a biologia não garante os laços parentais, tampouco pode ser descartada de antemão. A ausência de direitos reprodutivos — fruto da miséria, do anacronismo e do descaso do Estado — chega a reduzir mães e pais socialmente vulneráveis a simples genitores. Trata-se de uma violência institucionalizada, que retira sistematicamente as crianças de pais e mães pobres que não têm nem a chance de assumir sua descendência.

A pesquisadora Claudia Fonseca, estudando algumas populações pobres do Sul do Brasil, apontou como, nas camadas populares, os significantes "mãe que criou", "mãe que amamentou" e "mãe que pariu" não se confundem, podendo ser os três reconhecidos. Ela ilustra esse fato por meio de vários casos sobre os quais escreveu.[5] Em um deles, Fonseca é apresentada à menina Claudiane, a quem pedem que relate quantas mães ela tem. A criança responde com desenvoltura e ar de satisfação: "Três: a mãe de leite, a mãe de criação e a mãe que me ganhou. Eu tinha três dias, vim para cá [para a casa de uma vizinha], só fui embora com cinco anos".[6] Outro caso diz respeito a um jovem que chega no bairro perguntando sobre uma senhora chamada Maria, mãe de muitos filhos. Quem lhe responde onde mora a senhora é uma de suas filhas, que só depois vem a saber que o jovem é um irmão criado longe. O rapaz é imediatamente assimilado como irmão, o sangue[7] comum funcionando como eixo agregador fundamental desses sujeitos que passam a reconhecer o parentesco, mesmo sem nunca terem sido criados juntos.[8] Fonseca advoga pelo reconhecimento dos diferentes discursos sobre a maternidade, para além do modelo hegemônico imposto pelas camadas mais abastadas.[9]

O tratamento oposto se apresenta quando vemos que, a depender do lugar de onde miramos essas mães, a genitora sem recursos financeiros pode ser tomada como mera reprodutora de organismos, a ser descartada logo que a criança é adotada por uma família em melhores condições sociais. A genitora das classes mais abastadas, no entanto, costuma ser vista como mãe inconteste, pois encarna o modelo hegemônico da maternidade. É o discurso das classes mais altas que desqualifica a genitora que entrega o filho para outra família cuidar, ao mesmo tempo que invisibiliza a onipresença das babás que cuidam de sua prole.

A maternidade reproduz o lugar social no qual encontramos mães de primeira classe e de segunda. Como já denunciava Jacques Donzelot, caberia à sociedade e ao Estado apoiar as primeiras em sua "função supostamente sagrada", enquanto vigia as "limitações e coíbe os vícios" imputados às segundas.[10]

Diante de uma realidade na qual homens e mulheres disputam o espaço público, mulheres continuam acumulando cuidados domésticos e a chefia dos lares, novas formas reprodutivas são popularizadas e configurações familiares não hegemônicas passam a ser reconhecidas, é imprescindível que reflitamos sobre o que entendemos por maternidade e paternidade hoje. O colapso do modelo ideal de maternidade herdado do século XVIII e recrudescido no início do século XX é perceptível. Seu fracasso se faz notar no adoecimento das mulheres, na corrosão da conjugalidade com a chegada dos filhos, na precarização dos cuidados com as infâncias[11] e na perda do direito à descendência em populações mais pobres.

A infância seria o período no qual a sociedade como um todo e pais e mães em particular têm por missão apresentar o mundo paulatinamente à criança, identificando e respeitando seus limites físicos e psíquicos. A ideia de infância como a conhecemos hoje foi criada com a modernidade para melhor preparar os pequenos para as novas exigências sociais da família burguesa.[12] Claro está que nem todas as crianças se beneficiam da proteção e da preparação que se preconizam para esse período da vida,[13] como podemos notar pelo contingente assombroso de crianças que trabalham, se casam ou guerreiam,[14] contrariando o ideário de infância surgido no século XVIII. Além disso, a ideia hegemônica de infância responde a uma preparação para o modelo burguês de família e sociedade, um modelo que não contempla a experiência de inúmeras crianças em outras culturas, cujas aspirações são distintas das do modelo capitalista. A psicanalista Ilana Katz, em "Infâncias: Uma questão para a psicanálise", aponta o caráter colonizador do uso do termo "infância" quando ele supõe homogeneidade de intenções, métodos e experiências para crianças ao redor do mundo. Daí a importância de sua proposta de usarmos o plural, "infâncias", denunciando a origem ideológica do paradigma original.

Vivemos um ponto de inflexão no qual a maternidade idealizada, que não corresponde às necessidades e possibilidades de mães e crianças, desemboca numa geração desassistida. Para a questão perene sobre o cuidado com as próximas gerações, nossa sociedade responde com um modelo anacrônico baseado na inteira responsabilização das mulheres — resposta que já era insustentável no passado e que agora tende ao colapso.

Mulheres? Quais mulheres?

A PARENTALIDADE É ATRAVESSADA pelas condições sociais de pais e mães. Essa importante diferenciação deverá acompanhar todas as questões relativas às mulheres aqui nomeadas. Como nos advertem o transfeminismo e o feminismo negro,[1] a categoria "mulher" é atravessada por classe, racialização e gênero, o que nos impede de pensá-la como um grupo homogêneo. Num país de desigualdades gritantes como o Brasil, isso significa que teremos mulheres vivendo em condições diametralmente opostas: desde as que sobrevivem em aterros sanitários até as que viajam de helicóptero. Não há como tirar da equação da parentalidade as condições materiais e a exposição moral a que estão submetidos os que vivem à margem da sociedade, tampouco as distorções na transmissão parental que o luxo cria.

A pobreza é um fator importante de vulnerabilização da parentalidade, que a inviabiliza em muitos casos. Temos por exemplo as entregas para adoção em função da pobreza, à revelia do desejo de pais e mães. Na ponta da concepção, devemos lembrar também que pessoas pobres não têm acesso a métodos de tratamento da infertilidade, e não apenas em função de custos. Embora o Brasil ofereça tratamento de inseminação artificial gratuito pelo Sistema Único de Saúde (SUS), o direito à descendência se torna cada vez mais inalcançável pela impossibilidade de sustentar a prole.

Segundo Fonseca, nos bairros populares que estudou, as "crianças são a alma do lugar, e a ideia de adiar e até evitar a chegada do filho é inconcebível".[2] É importante lembrar, no entanto, a diferença de status entre bebê, criança e jovem, cujo lugar na comunidade pode migrar facilmente da dádiva para o estorvo. A precariedade socioeconômica, a violência dentro das famílias e a falta de perspectivas empurrando muitos jovens para o crime também são parte significativa desse estrato social. Além disso, a violência de Estado que diuturnamente mata jovens não nos permite romancear a parentalidade nas periferias.[3] Ainda assim, postergar a maternidade pela carreira ou para aproveitar a vida não parece fazer sentido nesses grupos, nos quais as oportunidades e aspirações são outras e a comunidade tende a absorver quem chega, mesmo fora da família de origem. Não podemos generalizar as aspirações de uma classe social, como se fosse uma massa indiferenciada, mas buscamos reconhecer quais os discursos considerados prevalentes em determinados grupos.

Advogar pelo direito à descendência dos marginalizados pela miséria desmascara o quanto a parentalidade se torna um luxo a que nem todos podem se dar, um luxo de caráter privado e de inteira responsabilidade de quem o tem. Via de regra, a sociedade só comparece na hora de denunciar a precariedade a que estão submetidas as crianças, ignorando as condições em que ela mesma mantém esses pais.

Nos bairros abastados, nos quais a privacidade está garantida, o Estado não arbitra quem pode e quem não pode manter a prole. Violência doméstica, drogadição e negligência só são detectadas quando o caso é tão grave que chega ao noticiário. Nas periferias, a vigilância ostensiva leva a muitas perdas de guarda por motivos fúteis e arbitrários, fruto de preconceito e desqualificação.

Quanto ao processo de racialização, a fundação do país se deu com a escravização de povos originários, seguida da escravização de africanos sequestrados. Foi através da miscigenação forçada entre europeus invasores e indígenas e africanas de múltiplas etnias que o povo brasileiro se formou — processo violento e desumano que passou para a história como miscigenação pacífica e exemplo de democracia racial, em flagrante ideologia a serviço tanto do apagamento grotesco da história quanto da manutenção das desigualdades raciais. O massacre de negros e indígenas — que continua a ocorrer — e a forma inconsequente como foi feita a abolição da escravatura no Brasil, sem indenização ou planejamento, perpetuaram desigualdades seculares. Não houve plano de integração dos ex-escravizados à sociedade, não houve proteção das comunidades indígenas. Não houve reparação histórica e, passados mais de 130 anos, ainda vemos a resistência a políticas afirmativas como as cotas raciais. Longo processo, que se reflete de muitas formas no lugar da mulher negra e indígena na sociedade, bem como na trama da maternidade em suas famílias.

O tema é caro aos estudos da parentalidade, uma vez que, desde o começo da formação do povo brasileiro, essa população tem seu papel fundamental na sustentação da família branca invisibilizado. A economia reprodutiva diz respeito às atividades ligadas à manutenção da vida, às tarefas domésticas e aos cuidados de filhos, maridos e idosos. Ela se distingue da economia produtiva, que é remunerada e reconhecida como trabalho. Isso se dá dentro da lógica capitalista da divisão sexual do trabalho, na qual o dinheiro passa a determinar o que é verdadeiramente trabalho e o que é invisibilizado como tal. O cuidado com as crianças, que ficava a encargo das amas de leite e de outras serviçais escravizadas, é tratado como se nunca tivesse existido. As babás de hoje, que deixam seus filhos para cuidar dos filhos de outras famílias ou nem sequer têm família por trabalharem fora em dedicação integral, são herança direta de nosso passado colonial.

Não há como ignorar que a maternidade se dá de formas bem distintas para mulheres brancas e negras/indígenas, e que as últimas se tornaram parte da construção das famílias brancas. Mas não sejamos ingênuos: a menos que advoguemos que o cuidado com a prole é assunto estritamente feminino, o que justamente busco denunciar aqui, temos de reconhecer que o que se passa entre essas mulheres de diferentes raças e classes sociais não se restringe a elas. Portanto, não é a mulher branca que tem uma babá, mas *a família branca* (pai, avós, tios, irmãos), cuja responsabilidade com os pequenos foi resolvida com a contratação dos serviços de uma babá.

Embora todas as mulheres sofram opressões de gênero, também existe a hierarquia entre mulheres negras e brancas, que deixa a mulher negra em uma condição muito pior. Em seu livro *E eu não sou uma mulher?*, bell hooks expõe que a mulher negra escravizada que estivesse grávida sofria, ao contrário do que se poderia esperar, violência maior do que a perpetrada contra homens negros e mulheres negras fora da gestação. Isso era exemplar do lugar da maternidade na lógica racista, que condenava a identificação das mães brancas com as mães negras e deixava clara a mensagem de que a maternidade da mulher negra era considerada abjeta, servindo apenas à reprodução de sujeitos que já nasciam escravizados. A psicanalista Bárbara Cristina Souza Barbosa faz uma interessante provocação parafraseando a célebre intervenção de Sojourner Truth[4] ao transformar a emblemática frase da abolicionista negra e ativista pelos diretos femininos em "E eu não sou uma *mãe*?".

Os homens negros escravizados, por sua vez, evitavam defender essas mulheres para não serem castigados, o que acabava por deixá-las ainda mais isoladas. A insistência em desagregar a família negra era uma tática política para dificultar que os escravizados se unissem e se rebelassem. A história é repleta de insurreições e atos heroicos dos ultrajados pela escravização,[5] mas mesmo esses fatos são invisibilizados pela narrativa da suposta cordialidade do brasileiro e da miscigenação pacífica.

Temos na literatura infantil de Monteiro Lobato o caso exemplar e paradoxal de Tia Nastácia, merecedora tanto de afeto quanto de absoluto desprezo. Ela resta como cidadã de segunda classe a serviço de crianças ricas e brancas, que a amam mas são convenientemente incapazes de reconhecer a violência que lhe impingem. É *tia*, "como se fosse da família", na obscuridade de uma relação empregatícia não nomeada, mais afeita aos trabalhos análogos à escravidão que povoam a realidade pós-abolição. Desprezo, ódio e violência caminham pari passu com afeto e cuidado, perpetuando a mentalidade na qual chafurda nosso racismo estrutural.

A categoria "mulher" também está em discussão a partir dos estudos queer, nos quais a construção social e psíquica dos gêneros passou a ser questionada. Assim, temos por exemplo homens e mulheres transgênero ou não binários exigindo seu lugar de reconhecimento no universo parental e levando as categorias a serem repensadas para além da anátomo-fisiologia. Casais lésbicos e gays com filhos lidando com uma configuração familiar em que há duas mães ou dois pais promovem uma reflexão sobre o modelo pai-mãe-filho, nos forçando a rever as falsas expectativas sobre o que seria necessário para a consecução da tarefa parental.

Assim, marcadores sociais, de raça e de gênero nos obrigam a refletir sobre a parentalidade levando em conta a interseccionalidade, termo que nasceu no seio do movimento feminista antirracista em artigo de 1989 de Kimberlé Crenshaw denunciando a sobreposição de formas de opressão.[6] Ao pensar a interligação entre essas categorias, os estudos da interseccionalidade posteriormente denunciaram também o cruzamento de chaves discriminatórias como capacitismo e etarismo, entre outros, ou seja, trata-se de discutir os marcadores ideológicos que servem de substrato para diferentes formas de violência.

A pergunta que insiste é: como cuidar das novas gerações sem apelar para políticas anacrônicas? Como escapar de soluções moralizantes, que aspiram a poder colocar o gênio de volta na garrafa, ou seja, manter a mulher como única responsável pelas crianças? Para encarar essa problemática — que afeta direta e diferentemente a todos nós, tenhamos filhos ou não —, busquei puxar alguns fios do novelo de ideologias e equívocos ligados ao tema. Entre eles, especificamente os fios que pertencem à psicanálise.

O discurso maternalista persevera em teorias e interpretações psicanalíticas que imputam à mulher poderes inigualáveis no cuidado com a prole, fortemente apoiados na heteronormatividade, afetados pelas condições raciais e de classe e fomentados pela idealização do ciclo gravídico-puerperal. Para revermos essa posição, faz-se necessário olhar para o que se passa ali onde organismos são reproduzidos, tentando entender o que esse evento de fato pode causar em gestantes, parturientes e puérperas/os.*

Com isso, busco distinguir as condições necessárias para a constituição subjetiva do bebê e os cuidados com as crianças, de um lado, e a experiência de gestar e parir, de outro. A aposta é de que reavaliar nossas crenças sobre a maternidade é o primeiro passo — e pré-requisito — para que encontremos soluções sustentáveis para as infâncias e para a luta das mulheres. Afinal, essa é a questão que nos concerne a todos e de cuja resposta depende nosso futuro enquanto sociedade. Entre a necessidade de cuidar das crianças e a possibilidade de as mulheres assumirem sozinhas essa responsabilidade existe um abismo que chamo de "maternidade em colapso". Embora assustador, é sabido que, para que o novo advenha, o velho deve ruir.

Mas antes precisaremos nos deter no caminho que desemboca naquilo que estamos nomeando de discurso maternalista e que, como dissemos, é contemporâneo da criação da psicanálise.

---

* Nesse grupo se incluem homens transexuais e não binários que deram à luz.

Em busca do orgasmo perdido, ou O que quer uma mulher?

ESTUDIOSO DAS TEORIAS sobre o sexo da Antiguidade até a era moderna, Thomas Laqueur não tem dúvida de que a estrutura e a função do clitóris eram conhecidas há centenas de anos. Em *Inventando o sexo*, sua pesquisa sobre gênero e sexo, ele descobre que os manuais das parteiras e dos médicos do século XVII se esmeraram em explicar como alcançar o orgasmo feminino, atribuindo naturalidade e importância ao prazer feminino, o qual desde a modernidade, ao contrário, está na berlinda. Ocorre que — para surpresa de Laqueur — acreditava-se inequivocamente que o orgasmo feminino era condição necessária para a concepção. Por mais que a experiência prática pudesse desmentir facilmente essa crença, a ligação entre os dois acontecimentos era então inconteste. A partir disso, o autor discorre sobre o abismo entre o fato empírico do sexo, acessível pela observação anátomo-fisiológica, e sua interpretação.

Nomear estruturas anatômicas e descrever sua fisiologia implica interpretá-las, e, a depender das crenças que regem essa nomeação, teremos os mesmos dados observáveis servindo a teorias opostas. Mais do que revelar a natureza última do sexo, os tratados que Laqueur mapeia, de Galeno até Freud, revelam crenças e interesses sociopolíticos historicamente determinados. Ele apresenta diferentes interpretações dadas às mesmas estruturas ao longo do tempo, conforme as mentalidades se modificavam. Inúmeros são os exemplos nos quais a filosofia, a medicina e até a psicanálise tomam a anatomia menos pelas formas e funções observáveis do que pelo que seria conveniente para a ideologia de cada área em cada época. Laqueur chega a dizer que a "história do clitóris [...] é a história da aporia da anatomia".[1]

Até o final do século XVIII, o que imperava era a teoria do sexo único, na qual a mulher era vista como uma versão inferior do homem: seus órgãos seriam os mesmos, mas, pela falta de vitalidade e calor, na mulher eles teriam permanecido na parte interna do organismo. No modelo do sexo único, entendia-se que a vagina — que ainda não tinha recebido nome próprio — não passava de um pênis invertido para dentro, assim como os ovários seriam tão somente a versão feminina dos testículos e o útero a do escroto. As diferenças eram de grau e não de qualidade, faltando às mulheres o calor vital que as teria feito machos.

Esse modelo teórico deu lugar, na passagem do século XVIII para o XIX, ao modelo dos dois sexos. Nele se preconiza que a diferença entre homens e mulheres é de qualidade, e não de quantidade. O aparelho reprodutor feminino passa a receber nomeações distintas, como vagina, por exemplo. Mulheres e homens são entendidos, a partir dessa nova interpretação, como seres de naturezas distintas e opostas.

Em qual contexto essa nova interpretação poderia ser útil? Estamos no momento no qual homens e mulheres haviam lutado lado a lado pelos ideais revolucionários sob o lema de liberdade, igualdade e fraternidade. Nada mais justo que elas pleiteassem o lugar igualitário ao lado deles. A ideologia que permitiu deixar a mulher de fora das conquistas da Revolução Francesa encontra munição na ciência, na arte e na religião. Com a interpretação científica de que havia uma diferença insuperável entre os sexos, pois vinda da natureza última dos mesmos, a vigilância e a falta de liberdade das mulheres podiam ser mantidas e justificadas.[2] Só uma teoria que as definisse como seres de outra ordem — frágeis, infantis, irracionais — ajudaria a justificar a diferença de tratamento e a manutenção de sua tutela pelos homens. *Vive la différence*, mas não em prol das mulheres.

Quando concepção e orgasmo feminino foram reconhecidos como fenômenos distintos, houve uma mudança de interpretação: colocou-se em xeque a importância e, em seguida, a própria existência do desejo sexual da mulher, que passa a ser considerado, no mínimo, inferior ao desejo masculino. Se a nova ordem burguesa exigia que as famílias se fechassem sobre si mesmas, tendo as mulheres como "rainhas do lar", a diferença radical entre os sexos também serviu para "provar" que a mulher era talhada para ter filhos, cuidar da família e dos afazeres domésticos, suas verdadeiras fontes de prazer.

Tarefas ligadas à economia reprodutiva já vinham sendo imputadas às mulheres desde a nova divisão sexual do trabalho, que se deu na passagem do feudalismo para o capitalismo. Segundo Silvia Federici, a divisão do trabalho na realidade feudal era menos opressora para as mulheres do que no capitalismo. A divisão que surgiu com a modernidade e separou o trabalho remunerado do trabalho doméstico não remunerado era estranha às famílias feudais, pois a luta pela sobrevivência e a subserviência ao senhor feudal premia a todos: homens, mulheres e crianças.[3] Na passagem da Idade Média para a Idade Moderna, as mulheres foram sendo empurradas para o âmbito doméstico, do trabalho reprodutivo e não remunerado, e o homem para o espaço público, onde o trabalho é reconhecido como tal. A própria ideia de infância teria que esperar o Renascimento para surgir, marcando de forma inédita o lugar de cada um na família e na sociedade. A cada novo capítulo da história moderna, a sociedade foi encontrando novas justificativas e apertando o cerco para manter a economia reprodutiva sob o encargo exclusivo das mulheres. A tese de que o desejo sexual feminino e sua satisfação são incertos vem a calhar para esse fim, pois evita que a mulher desvie seus olhos para assuntos fora do lar, inadequados aos interesses masculinos, camuflados de aspirações civilizatórias.

Freud, herdeiro da teoria dos dois sexos, também se dedicou a desvendar o suposto enigma do desejo feminino. Laqueur aponta como o inventor da psicanálise transitava entre os dois modelos sexuais, ora apostando na incomparabilidade entre os sexos (modelo dos dois sexos), ora mantendo a interpretação dos órgãos femininos como versões dos órgãos masculinos (modelo do sexo único). Isso fica muito claro quando Freud discute o papel do clitóris na sexualidade feminina, afirmando existirem duas formas de orgasmo: o clitoriano e o vaginal.

As discussões sobre o orgasmo vaginal e a função do clitóris ficaram acaloradas depois de 1905, quando Freud publicou um de seus textos fundamentais: *Três ensaios sobre a teoria da sexualidade*.[4] Nunca até então se havia pensado em um orgasmo feminino que não fosse clitoriano, hipótese que faria corarem as parteiras e os médicos medievais, bem mais inteirados do assunto. A estrutura e a função do clitóris já eram bem conhecidas desde a Antiguidade, mas a "guerra" entre esse órgão e a vagina, que coloca o primeiro na berlinda, só passou a existir a partir da hipótese freudiana. Laqueur associa a disputa entre clitóris e vagina à disputa entre os modelos de sexo único e dos dois sexos, uma vez que Freud faz uso das duas teorias a depender da parte anatômica que descreve. Freud advoga que o amadurecimento deveria levar a mulher a abrir mão do orgasmo clitoriano e a alcançar o suposto orgasmo vaginal. A justificativa é que o clitóris é uma versão do pênis (modelo do sexo único, portanto, um órgão *masculino*) e que a mulher deve se conformar ao prazer da vagina (modelo dos dois sexos, aqui rebatizada como órgão oposto ao pênis). Mulheres que não conseguem ir nessa direção sofreriam de histeria. Freud chega a indicar a Marie Bonaparte, sua discípula especialmente interessada no tema, que a extirpação clitoriana realizada por alguns grupos étnicos tradicionais teria a função de ajudar a transferir o prazer para a zona socialmente desejável.

Da leitura freudiana do pênis e da vagina, esta agora alçada a órgão sexual feminino por excelência, se depreendeu a ideia de que o homem tem o que falta à mulher, uma vez que, comparada ao pênis, a vagina é um canal muscular oco com pouca inervação. Apagar a relevância anátomo-fisiológica do clitóris ajudou a sustentar a teoria freudiana de que as mulheres sofrem de inveja do pênis.[5] Teoria que desde então tem causado fúria em muitos/as psicanalistas por seu caráter machista.[6]

A conclusão de Laqueur, ao estudar o célebre texto freudiano que deu origem a toda essa discussão claramente misógina, é de que se trata de uma "narrativa de cultura disfarçada de anatomia", a serviço de uma lógica na qual a sexualidade feminina deveria ser inibida para dar lugar à soberania do desejo masculino. Se o prazer feminino está ao alcance do toque, sem a necessidade da penetração vaginal, como *domesticá-lo para o coito reprodutivo sexual*? Esse seria o problema de Freud, dirá Laqueur.[7] À questão sobre o enigma do desejo feminino, Freud responde que o filho, de preferência homem, é a razão última da sexualidade feminina e um substituto sexual legítimo.[8] No lugar da satisfação sexual, o grande prazer da mulher estaria atrelado à maternidade.

Para entendermos o caldo de cultura de onde emerge a teoria freudiana da sexualidade feminina, teremos que dar um passo atrás e olhar para o período que antecede o contexto vitoriano no qual a psicanálise se constituiu.

A miragem do instinto materno

DAS 21 MIL CRIANÇAS nascidas em Paris no ano de 1780, mil foram amamentadas pela mãe, mil foram amamentadas por amas de leite e 19 mil foram entregues a profissionais para serem criadas em domicílios mais ou menos distantes da família. Em uma época na qual o leite humano não tinha substituto à altura, a prática corriqueira de entregar os recém-nascidos a terceiros elevava a mortalidade e a morbidade em proporções estarrecedoras. Em torno de 90% das crianças nascidas anualmente em Paris eram afastadas de casa para receber um tratamento sabidamente precário, insalubre e violento e retornar anos depois irreconhecíveis, doentes, aleijadas, ou simplesmente nunca voltar. É famoso o caso de Marie Bienvenue, ama que viu morrerem 31 crianças sob seus cuidados, em pouco mais de um ano. Seu sobrenome, que significa "bem-vinda", não poderia soar mais tétrico, quando pensamos como essas crianças eram recebidas. Nada disso demoveu a sociedade desse costume tão corriqueiro quanto nefasto.

A filósofa francesa Elisabeth Badinter começa seu célebre livro *Um amor conquistado: O mito do amor materno* apresentando os dados acima. Ela aponta algumas questões que estavam em jogo nessa negligência sistemática e coletiva para com as crianças a fim de provar sua tese de que o instinto materno é uma criação pseudocientífica do século XVIII.

A própria ideia de infância, como período no qual a criança deveria ser protegida e preparada para o mundo adulto dentro das aspirações burguesas, estava apenas começando a se consolidar,[1] e o cuidado com a prole era bem seletivo. Não havia controle de natalidade eficaz e a sociedade francesa da época vivia um período de relativa liberdade sexual e social das mulheres, que aspiravam a uma vida mais pública. Entre os filhos que poderiam interessar à continuidade da família e o contingente de nascimentos indesejados, era grande a quantidade de crianças com as quais ninguém se importava. Abortos eram perigosos para a mulher e moralmente condenados, de modo que a proliferação de crianças acabou por torná-las um estorvo, e os hábitos da nobreza, pouco afeita ao contato direto com a prole, serviam de modelo e inspiração para plebeus.

A negligência com as crianças era generalizada, dando aspecto de normalidade às práticas de cuidado da época. Filhos desejados, com funções claras no âmbito familiar (carregar o nome e os negócios da família, fazer bons casamentos), eram mantidos. Os demais eram claramente descartados. Os problemas decorrentes do descuido sistemático com as novas gerações recaíam sobre toda a sociedade, que tinha que lidar com uma horda de delinquentes, enjeitados, órfãos, adoecidos e incapazes.[2] A matemática socioeconômica desse período já alertava para os custos de uma população à deriva que não produzia nada além de despesas, arruaça e preocupação. Como reintegrá-la à sociedade? Muitas foram as sugestões para resolver esse problema socioeconômico; Badinter descreve algumas delas, que hoje nos soam absolutamente cruéis.

A questão — onipresente nas sociedades modernas — era que o investimento na infância, que responde às aspirações burguesas, devia se provar lucrativo a longo prazo, pois as justificativas morais e humanitárias não se mostravam suficientemente persuasivas para a lógica capitalista. Com isso em vista, era preciso que as soluções garantissem que o cuidado dispensado às crianças fosse ressarcido com lucro no futuro. Daí algumas ideias como o Estado cuidar dessas crianças até que estivessem aptas a ocupar as colônias ou irem para o Exército, revelando que a dívida com a nação deveria ser paga com dividendos no momento oportuno.

Só que a conta não fechava, pois a tutela, que ia do nascimento até a autonomia minimamente necessária para que o/a jovem cumprisse a sua parte, não levaria menos de uma década. Além disso, a qualidade dos cuidados deveria ser muito superior ao que se oferecia nos orfanatos e instituições religiosas, onde, quando muito, somente abrigo e comida eram garantidos. Logo se admitiu que o filhote humano não pode ser criado apenas no nível da satisfação das necessidades orgânicas, e que a atenção particular e afetivamente investida é imprescindível. Feita a matemática, a solução mais fácil era remeter as crianças ao colo da mãe, reiterando o lugar da mulher na esfera doméstica. Enquanto isso, os homens seguiriam suas vidas no espaço público. A solução tinha como vantagem desonerar uma metade da sociedade ao mesmo tempo que garantia que as mulheres se mantivessem subjugadas à família com base num propósito louvável: criar bons cidadãos para o bem da pátria. Assim, buscou-se dar conta no nível privado de um problema coletivo. Aos apelos humanitários (pelo bem dos pequenos), estéticos (a beleza da maternidade) e religiosos (a mãe piedosa) vieram se juntar as justificativas científicas.

Michelle Perrot nos alerta para o fato de que "a fronteira entre público e privado é variável, sinuosa e atravessa até mesmo o microespaço doméstico".[3] O poder do pai no espaço doméstico convive com a gestão da mulher; o poder do homem no espaço público convive com a influência e o consumo feminino fora de casa. Contudo, a ordenação do poder privado, familiar e materno era eminentemente delas.[4] E elas o fazem com grande conhecimento de causa, cônscias da relevância de seu papel e do status a ele atribuído. A tecnologia ligada à gestão da casa, às compras, ao cuidado com as crianças está do lado das mulheres, com raros e pontuais espaços de permuta de tarefas com os homens.

O "instinto materno" atribuído à fêmea humana passa, dessa forma, a ser entendido como fato da ciência. Embora o amor pelos filhos sempre tenha existido, a moralização e a ideologia associadas a esse afeto foram meticulosamente construídas, fazendo supor que ele não seria contingencial — como todo amor —, mas garantido pela natureza feminina. No entanto, se o instinto é, por definição, aquilo que é intrínseco à espécie, com pouquíssimas variações, não poderia simplesmente desaparecer do nada em toda uma população. Como explicar que, por séculos, as crianças morreram como moscas sob os olhares complacentes de pais e mães, sem que o dito instinto materno operasse impedindo tamanha omissão? Além de apresentar a prova irrefutável de que ele é uma construção ideológica para responder a problemas socioeconômicos, coube a Badinter apresentar a forma como essa pseudoteoria foi sendo criada e incutida nas mentes e nos corações.

Ela retoma, por exemplo, Rousseau. Traduzindo os anseios de sua época e juntando munição para justificá-los, Jean-Jacques Rousseau sustenta em *O contrato social* os ideais que serviriam de inspiração para a Revolução Francesa. As ideias revolucionárias de igualdade, liberdade e fraternidade, no entanto, criaram um problema: como justificar a subalternidade feminina se somos todos iguais? Se homens e mulheres lutam lado a lado, como mantê-las fora do campo político e fora da esfera pública à qual foram alçadas pela revolução? Se as mulheres eram consideradas pares na aspiração por igualdade, como justificar que caberia exclusivamente a elas o cuidado das crianças e do espaço doméstico, que já não era do interesse delas? Os apelos para que a mulher se restringisse totalmente aos cuidados com a prole e abandonasse o recém-adquirido espaço político não combinavam com a nova mentalidade revolucionária que se formava. Faltava, então, a justificativa ideológica da diferença entre os gêneros e da rígida definição de papéis ligada a eles. Coube à ciência — em mais de uma ocasião, como vimos com Laqueur — tentar provar que a mulher não era igual ao homem em essência.

O mesmo autor que inspirou o mote da Revolução Francesa também deu munição para definir o ideal de mulher condizente com as aspirações da modernidade no século XVIII. Em *Emílio ou Da educação*, Rousseau descreve a mulher como um indivíduo sem plena cidadania, sem autonomia ou qualidades cognitivas, que vive sob a tutela do homem — esse sim cidadão de direito — e a quem cabem a esfera dos cuidados domésticos e a dedicação exclusiva à família. Rousseau compara o espaço doméstico ao claustro religioso, revelando o caráter devoto, assexuado e moralista que se esperava das mulheres e das mães. Nessa lógica, a educação das meninas se apartava completamente da educação dos meninos, restringindo-se, ambas, às finalidades sociais que caberiam a cada gênero. Logo ficou explícito que a única medida de igualdade, fraternidade e liberdade era o homem branco europeu.

Badinter não deixa de apontar semelhanças entre o discurso de Rousseau e o da psicanálise, no que tange ao lugar da mulher na sociedade — e de fato as ideias do filósofo adentraram o século xx ainda gozando de grande prestígio no meio psicanalítico tanto na Europa quanto no Brasil.[5] Ela resgata falas de Donald Winnicott, nas quais o psicanalista e pediatra inglês exorta as mães a se sacrificarem pelos filhos, que poderiam ter sido extraídas da pregação de Rousseau no século xviii.

A amamentação, tarefa que demanda dedicação contínua e da qual dependia a saúde dos pequenos, tornou-se uma obsessão no século xviii, sendo o centro da questão da vulnerabilidade das crianças. A partir desse momento a genitora será o alvo principal das campanhas de amamentação, na mesma medida em que amas e mães mercenárias passaram a ser execradas. (A antropóloga Rita Segato acusa o sentido higienista e misógino do adjetivo "mercenárias" atribuído a essas mulheres que vendiam seus cuidados e seu leite para os filhos de classes um pouco mais favorecidas.[6]) Desacreditar a prática da ama de leite e da cuidadora profissional foi uma das estratégias para imputar à mãe biológica a atenção exclusiva à prole. Na verdade, trata-se da parcela mais precarizada da sociedade de mulheres pobres tentando sobreviver, prestando um serviço que se mostrou aceitável enquanto convinha às famílias mais abastadas.

Em seu livro *Read My Desire*, a filósofa e psicanalista Joan Copjec faz uma interessante aproximação entre a defesa maciça da amamentação pela genitora e o surgimento, na literatura gótica, de sua mais proeminente figura: o vampiro. A mulher deveria se sacrificar para garantir o aleitamento do filho, e a imagem de um ser que suga a vida alheia não poderia ser mais eloquente do tipo de dedicação que se espera dela nesse momento. Mais do que aleitar, a demanda era por renunciar a qualquer aspiração para além do âmbito familiar. Copjec cita declarações de Mary Wollstonecraft nas quais a autora — precursora do feminismo, célebre por lutar pelos direitos das mulheres e crítica às ideias de Rousseau — advoga em favor do aleitamento sem restrições, com o que vemos que mesmo os que lutam pelos direitos das mulheres nem sempre questionam o lugar delas — de dedicação exclusiva e exaustiva — junto aos filhos.

Sofia, heroína de *Emílio*, faz do aleitamento uma missão e é extremamente valorizada em seu papel. Porém Rousseau, que exortava as mulheres a serem mães dedicadas e amamentarem seus filhos o tempo que fosse necessário, não hesitou em entregar os cinco filhos que teve com Marie-Thérèse Levasseur ao asilo de menores, revelando a hipocrisia reinante. O discurso que colocava a mulher inteiramente dedicada à maternidade e à família é mais fácil de proferir que de realizar.

Mas, como apontei anteriormente, não se trata de qualquer mulher e, portanto, de qualquer mãe. Os marcadores de classe e raça farão toda a diferença aqui. Jacques Donzelot, em *A polícia das famílias*, mapeia as diferentes condições sociais na construção do ideal feminino do século XVIII na Europa, no qual o papel da mulher e da mãe é bem distinto conforme a origem social. Quanto às mulheres das classes desfavorecidas, caberia ao Estado vigiá-las para que a prole, composta de indivíduos potencialmente perigosos, não ameaçasse a sociedade como um todo. Já nas famílias abastadas, as mulheres, cientes de sua responsabilidade de cuidadoras exclusivas da prole, deveriam receber o apoio religioso, científico e social para melhor cumprir sua tarefa, agora alçada a missão de grande valor social, visando ao bem da nação.

A boa mãe — cujo filho é legítimo, ou seja, oriundo das relações dentro do matrimônio — passa a ser uma mulher socialmente valorizada. Caso não tenha filhos próprios, sempre poderá se beneficiar do reconhecimento de seus dons "maternais" ao cuidar de sobrinhos ou dos próprios pais, ou ao se dedicar ao próximo. Essa hipervalorização social do papel de cuidadora é a moeda de troca que busca compensar as perdas de cunho pessoal. Sacrifício, abnegação e culpa são a base daquilo que veio a ser considerado a maternidade real. Ao homem caberia prover a família materialmente e controlar o comportamento dos familiares — incumbências que resumem a boa paternidade, independentemente do comportamento masculino fora de casa.

Passados séculos, vigiar o exercício da parentalidade das famílias pobres e apoiar as famílias mais abastadas nos soa bem conhecido. Se cabia a todas as mulheres assumir a inteira responsabilidade pelas novas gerações, deixando a esfera política para os homens, certamente aprovação, apoio e controle se davam de forma diferente para as diferentes mães. Se a caça às bruxas, intensificada entre o final do feudalismo e o início da era moderna, cumpriu sua função de dobrar a mulher à nova realidade social do capitalismo,[7] vemos que as formas de coerção que lhe sucederam vão se tornando cada vez mais insidiosas. O processo de supervalorização dos supostos dotes femininos para cuidar, amar e criar foi sendo encampado por frentes diversas, separando escrupulosamente a mulher de família da outra, decaída, infame e desprotegida. A fogueira cessou, mas deu lugar ao risco de não se casar — de ficar à mercê do ambiente misógino e abusivo, pois o casamento protege, dá status e proporciona um lugar social legítimo, dentro da família, ela mesma palco de inúmeras violências — e à difamação. A mulher que não apresentasse o comportamento esperado de uma mãe seria considerada triste, louca ou má, ou, segundo o jargão médico, deprimida, psicótica ou perversa.[8] Seriam todas mães *desnaturadas*, ou seja, incapazes de cumprir com sua natureza materna.

É sabido que as mulheres sempre se rebelaram,* e feministas denunciam a opressão masculina há muito tempo, mas ao longo do século XIX houve grande identificação com o discurso moralizante da maternidade, e mesmo as feministas que defendiam a emancipação reproduziam a idealização dos dotes maternais da mulher. As mulheres não podiam agir na pólis com a desenvoltura dos homens, mas podiam, no entanto, reinar dentro das paredes do lar como professoras, enfermeiras e observadoras da religiosidade dos filhos, o que funcionava como uma espécie de compensação. Ser feminista e defender a maternidade e a amamentação compulsória não era visto como uma contradição.

---

* Autoras como Christine de Pizan (século XV), Modesta di Pozzo di Forzi (século XVI), Marie Le Jars de Gournay, Anne Bradstreet e François Poullain de la Barre (século XVII) foram pioneiras da escrita feminista, só para citarmos aquelas que puderam ter suas ideias publicadas.

Quando Elisabeth Badinter lançou *Um amor conquistado*, em 1980, o livro foi recebido com virulência, como mostram entrevistas televisionadas com a autora, disponíveis na internet.[9] Passados mais de quarenta anos, o mito do instinto materno continua circulando na sociedade, por vezes na boca de profissionais de saúde mental. A tese da filósofa é tão simples quanto persuasiva: se o instinto materno operasse em fêmeas humanas como nos demais mamíferos, não teríamos como justificar séculos de descaso e negligência perpetrados por mães europeias totalmente integradas à sociedade — mães que se recusavam a amamentá-los e a cuidar deles. Não se tratava de uma recusa pontual, mas de uma forma coletiva de lidar com as crianças. Mães, pais e familiares agiam de acordo com os costumes da época, e as mulheres não eram mais julgadas que os outros, pois seu comportamento era o esperado até então. Para se ter uma ideia, uma festa de batizado sem a presença da criança — por ela já ter sido entregue aos cuidados de uma profissional longe do lar — não causava espanto nos convivas.

Pode soar incompreensível que uma sociedade inteira, por séculos, tenha sido tão negligente com as crianças a ponto de presenciar impassível a morte de milhares delas. No entanto, a crítica apressada faz supor que hoje estaríamos, como sociedade, livres de julgamento semelhante. Se ficamos chocados com as condições descritas por Badinter, Perrot, Ariès e Donzelot e outros historiadores, não devemos nos esquecer de que, em plenos anos 2020, temos 44,7% de crianças com até seis anos vivendo abaixo da linha da pobreza no Brasil, e 12,7% em situação de miséria.[10] Em 2023, assistimos estarrecidos ao genocídio de crianças ianomâmi perpetrado sob a anuência do governo do então presidente Jair Bolsonaro.[11] Podemos atribuir tais números às condições do capitalismo moderno ou aos desmandos de uma política genocida, mas isso não nos exime da responsabilidade que temos por essas crianças. De fato, o cuidado com a próxima geração sempre foi mais eficiente nas sociedades coletivistas e tradicionais, que entendem que a criança é uma questão que concerne a todos.

MAS COMO A MENTALIDADE maternalista aportou no Brasil, onde genocídio e escravização de povos originários e africanos foram as estratégias de constituição da colônia que veio a se tornar um país? A escravização, intrínseca ao projeto de colonização, usou o corpo da mulher negra tanto para exploração de mão de obra quanto para exploração sexual e reprodutiva, criando uma outra narrativa sobre a prole negra e sobre a competência materna dessas mulheres. Às negras escravizadas, que serão sucedidas pelas mulheres negras libertas pobres e periféricas, restaram a vigilância e o controle de suas supostas más práticas com a prole. Enquanto a branca era modelo de virtude, espelhada na Virgem Maria, a negra era lasciva e não confiável. A hipersexualização da mulher negra servia para justificar as inumeráveis violências sexuais a que estavam submetidas, imputando à vítima a responsabilidade do agressor[12] — dessa forma, perante a mulher branca, o homem sempre poderia dizer que tinha sido seduzido pela insistência sexual da mulher negra. Separar as famílias negras escravizadas foi uma prática comum para obtenção de lucro com as "peças humanas", mas também para desestabilizar laços familiares que poderiam fugir ao controle. Na atualidade, a parentalidade de pessoas negras e periféricas permanece negada, como já mencionado, pelo assassinato sistemático de crianças e jovens em disputas de facções criminosas e pela violência do Estado. Mães e pais dessa população dizimada não têm direito ao luto[13] de seus filhos, uma vez que ou as vítimas são consideradas culpadas de algo ou se trata de um evento de menor importância, haja vista a repercussão dos casos nas mídias. O reconhecimento social da perda é uma das condições do luto que se encontra negada aqui. Quando familiares lutam por justiça, costumam ser ameaçados de morte. A experiência parental nessas realidades contrasta sobremaneira com o imaginário do qual o maternalismo se alimenta. Ou, dito de outra forma, o maternalismo comporta e reproduz as maternidades que podem ser franqueadas e as que não podem.

Não podemos tampouco esquecer do sequestro de crianças indígenas por cientistas e missões religiosas. No romance *O som do rugido da onça*, a historiadora e escritora Micheliny Verunschk ficcionaliza o famoso episódio de duas crianças (uma do povo miranha e outra do povo juri) levadas em 1817 de suas aldeias pelos cientistas Johann Baptist von Spix e Carl Friedrich von Martius para serem expostas em Munique, prática comum de cientistas e exploradores da época. Ambas morreram poucos meses depois de chegar à Europa, em função de doenças comuns entre os brancos. O genocídio dos povos originários e o sequestro de crianças indígenas são temas tão atuais quanto o foram em nossa sangrenta colonização.

Experiências tão diversas desembocam, na atualidade, em lutas por demandas bem diferentes: se as brancas abastadas pleiteiam o direito de se livrarem de uma maternidade opressiva e compulsória, negras pobres e indígenas lutam pelo direito ao apoio e ao reconhecimento de uma maternidade negada desde a colonização. Elas formam a maioria das mulheres pobres nas periferias dos grandes centros urbanos, em terras sem a proteção do Estado contra invasores, vivendo a maternidade sujeita à extrema violência e a ausência de direitos reprodutivos ou de apoio.[14]

Se, durante a escravidão, discutia-se se pessoas negras tinham alma ou não, se seriam humanos como seus algozes, a partir da abolição é a raça que entra como justificativa da violência. Teorias pseudocientíficas foram criadas para apartar ainda mais os recém-libertos dos brancos, elencando um traço fenotípico como razão das arbitrariedades. O processo de racialização usa a cor da pele para dizer que existem seres humanos de tipos diferentes, portanto passíveis de serem tratados de formas diferentes. Assim como teorias sobre o instinto materno, no século XVIII, e sobre a diferença entre os sexos, na passagem do século XIX para o XX, serviram de desculpa para restringir o universo feminino à maternidade, houve também as teorias que criaram as raças, a partir do século XIX, para delas extrair uma pretensa inferioridade dos não brancos, conveniente após a abolição.[15]

Ainda que em realidades simbólicas e materiais bem diferentes — o ideal maternalista cobra faturas diferentes de brancas, negras, indígenas ou pobres —, das mulheres em geral se espera obediência, dedicação incansável à família e restrições pessoais e sexuais, cujos efeitos, expressos na forma de adoecimento físico e psíquico, Freud teve o mérito de denunciar.

O sofrimento feminino pela perspectiva de Freud

FREUD, ATENDENDO SEUS PACIENTES na Europa em fins do século XIX, observa o adoecimento decorrente do rígido controle sexual e dos ideais puritanos da sociedade vitoriana. Em "A moral sexual 'cultural' e a doença nervosa moderna", ele mostra como os conflitos entre os instintos sexuais e as exigências da civilização moderna eram responsáveis pelas psiconeuroses, e ressalta que a dupla moral — que incita os homens à liberdade (heteros)sexual fora de casa e as mulheres à abstinência — tem efeitos nefastos e generalizados nas mulheres. Freud advoga em favor de bases civilizatórias menos idealizadas e dá voz ao sofrimento feminino. A apresentação das causas e dos efeitos do conflito entre forças sexuais e imperativos sociais ainda nos serve de baliza teórica e, se não bastasse, Freud se levanta para denunciar o fracasso de nossa sociedade em tentar equilibrar essas demandas. Ainda assim, ao elogiar o estoicismo e a moralidade de suas pacientes, faz coro com a valorização da "boa mulher", sinônimo de bela, recatada e do lar.

A crítica à moral sexual vitoriana escancarava a parcela de adoecimento que a sociedade pagava ao tentar reverter toda a libido e o desejo do sujeito para a procriação, para o trabalho e para as produções culturais. Relegando a sexualidade das mulheres à reprodução e negando-lhes a liberdade permitida aos homens, essa moral acabava por promover adoecimentos e internações compulsórias das ditas *histéricas*. Freud não estava sozinho em sua crítica, outros cientistas contemporâneos seus comungavam da ideia de que a moral da época era impossível de ser observada sem que os sujeitos levassem uma vida miseravelmente infeliz, mas ele tem o mérito de descrever como esse processo opera e propor formas de tratá-lo.

Em *Três ensaios sobre a teoria da sexualidade*, o inventor da psicanálise havia separado a libido humana do instinto animal e demonstrado como parte importante dessa libido não pode ser canalizada para outros fins que não os prazeres eróticos. Só uma parte de nossa carga sexual e agressiva é passível de ser desviada para fins culturais considerados mais "nobres" e "sublimes", de onde ele extrai o conceito de *sublimação*. A capacidade sublimatória é o que permite que construamos uma sociedade, enviando parte de nossa sexualidade para fins não sexuais. Mas a excessiva aposta nesse recurso, inspirada nos ideais do homem iluminista que aspira a dominar as paixões pela via da razão, acaba por trazer adoecimento tanto pessoal quanto social. Freud, contemporâneo da Primeira Guerra e do início da Segunda Guerra Mundial, foi célebre em denunciar o fracasso do que se poderia esperar de uma sociedade pautada por ideais inalcançáveis, de controle absoluto das paixões.

Embora os imperativos de cada época se modifiquem, sempre existirão conflitos entre o desejo pessoal e o laço social, tema que Freud aprofunda em sua obra-prima *O mal-estar na cultura*.[1] Nesse trabalho, o psicanalista aponta como todo processo civilizatório cobra seu quinhão de mal-estar, expresso em sintomas e angústia. Se a histeria é um dos sintomas mais claramente reconhecíveis na virada do século XIX para o XX, vemos que no século XXI prevalecem a depressão e a ansiedade.

A histeria é um quadro de sofrimento psíquico no qual o paciente apresenta uma série de sintomas físicos e comportamentais de amplo espectro sem que se encontre uma causa orgânica justificável. Mais do que isso, o sintoma histérico contradiz a lógica do funcionamento anátomo-fisiológico, imprimindo-lhe um caráter extraordinário. Trata-se de uma doença que deixava perplexos os médicos, por responder a uma outra lógica que não a conhecida até então e que levou Freud, no afã de desvendá-la, a criar a psicanálise. Foi o estudo sobre a histeria que tornou possível a Freud descobrir o caminho para a escuta do inconsciente, para a construção de um modelo de aparelho psíquico e para a formulação da ideia de *corpo* que interessa à psicanálise.

A pressão sobre as mulheres era marcada por contradições insuperáveis. A mãe devotada, cuja sexualidade devia ser canalizada para o amor à prole, não podia exceder em sua afetividade: mesmo ali era preciso observar o comedimento e o estoicismo para que a educação não fosse comprometida pelos "excessos de uma mulher". Dentro de casa se esperava o sacrifício abnegado, sem reclamações, mas também sem arroubos de emoção. Elogios públicos à prole e uma experiência corporal muito próxima — à exceção do aleitamento — tampouco eram vistos com bons olhos. Devoção sim, mas sem muito erotismo feminino.

Se no século XVIII Rousseau fez uma ode às qualidades femininas que marcou de forma indelével os séculos vindouros, o XIX dará, na figura de duas heroínas inesquecíveis, o alerta contra os riscos que as mulheres corriam ao se entregarem às paixões. Anna Kariênina e Madame Bovary, personagens que dão título aos romances clássicos de Liev Tolstói e Gustave Flaubert, estão aí para servir de exemplo do destino aguardado por aquelas que não se dobrarem às expectativas sociais.

Anna Kariênina, personagem trágica, vive um casamento confortável com um marido amoroso e bom pai. Eles têm um filho ao qual ela é muito dedicada, a ponto de mal poder separar-se da criança. Anna é linda, rica, bem-casada e boa mãe, mas coloca tudo isso a perder quando se apaixona por um oficial da aristocracia, o conde Vronsky. Proibida de ver o filho quando se separa do marido, rejeitada pela sociedade na qual circulava até então e acometida por um ciúme doentio do conde, ela se suicida. Os personagens masculinos da obra têm destinos bem diferentes: o irmão de Anna, que traiu a esposa com a preceptora dos filhos, e o próprio conde Vronsky seguem suas vidas sem que o julgamento moral os impeça de pertencer à sociedade. O destino de Anna é selado pela má escolha que fez, pela paixão e não pela família e o filho.

Já no livro de Flaubert, uma mulher infeliz no casamento sonha com uma vida de paixões. Novamente temos aqui a dicotomia entre, de um lado, um bom marido e a maternidade — ideal com o qual se conformar — e, de outro, as aspirações perigosas que conduzem à destruição. A escolha de Emma Bovary por uma vida de consumo desenfreado que leva o marido à falência, seus devaneios megalomaníacos e a busca por amantes que também não a satisfazem culminam com seu suicídio. Enquanto Anna Kariênina se deixa levar por um romance arrebatador e sofre as consequências fatais de sua escolha, Emma revela uma aspiração fora do âmbito doméstico que arruína a família. Sua insatisfação com a vida familiar e sua busca por uma outra realidade são o motor de seu trágico fim.

A insatisfação de Emma foi tão emblemática de sua época e causou tamanho furor nos leitores — Flaubert foi levado a julgamento por ofensa à moral —, que Jules de Gaultier dedicou um estudo psicológico ao que ele chamou de "bovarismo".[2] O termo foi criado para descrever a insatisfação crônica e a fuga para a fantasia que Flaubert retrata em sua personagem. O bovarismo seria um comportamento escapista, no qual o sujeito sofre de uma insatisfação com as condições de sua vida e almeja outra realidade, de caráter megalomaníaco e inacessível.

Muito além de produzir personagens individuais, Tolstói e Flaubert, cada um à sua maneira, trouxeram à luz o destino trágico da mulher do século XIX que não se encaixasse no padrão esperado. Se renunciasse à família e ao lar para dar vazão a seus anseios e paixões, a mulher tornava-se decaída e sem salvação. O isolamento social ou a morte selavam seu destino, ainda que estivesse apenas repetindo o comportamento masculino. Se permanecesse sob o jugo da moral vitoriana, estava condenada a uma vida de frustrações, escapismo, infelicidade e adoecimento. De fato, o que se esperava das mulheres era não só a resignação à condição de mãe e esposa, mas a gratidão e o júbilo por sê-lo.

Virginia Woolf, no início do século XX, não será menos eloquente ao descrever a experiência das mulheres, cujas aspirações são sufocadas pela condição de cidadãs sob vigilância e controle. Em uma série de ensaios sobre as mulheres e a ficção, ela defende o direito à privacidade e ao tempo para que as mulheres pudessem exercer o ofício de escritoras.³ Para além das denúncias sobre as condições do mercado editorial, Woolf faz um libelo contra o cerceamento da subjetividade feminina.

Vejamos como essa lógica se dava no Brasil do início do século XX.

As contradições do maternalismo

EM UMA SOCIEDADE pós-escravidão e recém-industrializada, como apoiar as mulheres para que conseguissem desempenhar sua "obrigação" como mães — cuidando, amamentando, educando —, quando elas mesmas têm sua existência ameaçada pela situação de vulnerabilidade social própria do contexto? O que fazer com as viúvas sem herança, as mães solteiras, a descendência negra escorraçada para as bordas da sociedade e as famílias pobres, às quais os homens não podem ou não desejam prover sustento? Como dar conta das crianças desassistidas em função da fome, da industrialização desordenada e do abandono paterno? No acordo que regia o papel da mulher no lar e o papel do marido provedor financeiro, os homens não tinham como cumprir inteiramente sua parte como provedores, devido às péssimas condições empregatícias, obrigando as mulheres à dupla jornada, desejassem ou não. Devemos lembrar também que sempre existiram homens que se eximiram de sua responsabilidade com a prole por entenderem que esse era um assunto que cabia às mães e que a liberdade masculina não deveria ser tolhida pela paternidade.

A prole fora do casamento era considerada "ilegítima" e extremamente condenada, deixando as mães solteiras como párias, uma vez que eram tidas como únicas responsáveis pela gravidez. As mulheres negras, por sua vez, viviam uma maternidade totalmente desprestigiada, por serem associadas a hipersexualização e promiscuidade. Eram vistas como responsáveis pela reprodução de parte da população considerada indesejável, muito frequentemente se incumbindo sozinhas da prole.[1] A ideia de que a pobreza era uma falta moral, e não fruto de condições socio-históricas, era hegemônica. Cabia aos "bem-nascidos", por meio de atos de caridade, ofertar aos pobres benesses, o que alçava os primeiros ao lugar de bons cristãos piedosos. Ou seja, uma elite que não renunciava ao lugar de privilégios era transformada em benfeitora dos desprivilegiados a partir de obras assistenciais de cunho caridoso.

Lembremos que na esfera dos cuidados e da economia reprodutiva os homens tinham pouco a contribuir desde a divisão sexual do trabalho moderna. No início do século XX, o comportamento feminino ainda era fortemente inspirado no modelo de mulher apregoado por Rousseau. As mulheres, identificadas com o ideal da mãe instintiva e natural, lutavam como podiam para dar conta da prole e de si mesmas, uma vez que quase não havia contestação dessa meta. O pungente relato de Carolina Maria de Jesus em *Quarto de despejo: Diário de uma favelada*, embora se passe algumas décadas depois, é extremamente elucidativo da situação a que estavam — e ainda estão — submetidas mulheres negras, pobres, sozinhas e marginalizadas com seus filhos. Trata-se de uma autora negra, moradora da favela paulistana do Canindé, mãe solteira de três filhos, catadora de papel, que só cursou até o que então se chamava segundo ano primário e que, mesmo diante desse cenário desolador, se tornou internacionalmente conhecida pela produção literária (sem contudo ter desfrutado desse prestígio, e morrido pobre). Os diários nos quais registrou seu cotidiano de sobrevivente e preciosas reflexões sobre a vida às margens da sociedade foram imortalizados num best-seller traduzido em catorze idiomas.

Com a industrialização e o trabalho feminino e infantil em fábricas, comércios e serviços, a deterioração das condições de cuidado com as crianças foi se tornando cada vez mais insustentável. Em função dessa nova configuração, programas de bem-estar social ainda incipientes começaram a ser desenhados nos Estados Unidos e em alguns países da Europa entre os anos 1890 e 1920. No entanto, foi necessário aguardar a crise econômica de 1929 para se obter uma resposta governamental à altura, como o New Deal nos Estados Unidos e políticas de bem-estar social na Europa.

Em *A polícia das famílias*, o historiador Jacques Donzelot descreve como, no contexto europeu do século XIX, a filantropia avançou em substituição ao modelo baseado na caridade, sendo usada politicamente para dirimir as fragilidades de um Estado que ainda engatinhava nos investimentos em bem-estar social — e até hoje vemos como empresas podem fomentar grandes projetos filantrópicos que levam seu nome ao mesmo tempo que contribuem, através de práticas capitalistas agressivas, para a perpetuação das desigualdades sociais. Enquanto a caridade se baseia num modelo moral, de cunho religioso e privado, a filantropia tem caráter racionalista e público.[2] Caridade e filantropia eram entendidas unicamente como boas ações de cidadãos e empresários — e não como arremedo da falta de direitos do trabalhador ou compensação por más condições estruturais da vida na ordem capitalista. Por exemplo, tivemos que esperar a Constituição de 1988 para que se instituísse o direito universal à saúde, na figura do Sistema Único de Saúde (SUS), serviço que até então estava nas mãos das Santas Casas de Misericórdia e das ordens religiosas e dependia da boa vontade de profissionais de saúde voluntários.

O cuidado com mulheres e crianças, sua proteção e instrução, era pautado na divisão de classe e raça. Como já vimos, buscava-se ajudar e qualificar as mulheres brancas, responsáveis pela geração de filhos da pátria, enquanto se fiscalizavam e desautorizavam as mulheres pretas e pobres no papel de mães. Aqui deparamos com um paradoxo que seguirá nos acompanhando por todo este livro: as iniciativas sociais baseadas no maternalismo têm valor histórico inestimável pelo que foram capazes de produzir na realidade de milhões de pessoas ao redor do mundo. Também foram responsáveis, como veremos, por desdobramentos políticos e sociais que vieram a transformar a história das sociedades ocidentais, reaproximando as mulheres do espaço público. Ainda assim, a ideologia na qual se fundamentavam, elitista e moralista, reproduzia estereótipos de gênero, de raça e de classe que perpetuavam a desigualdade que diziam querer erradicar. Ao discriminar as formas de ajuda oferecidas, o maternalismo carregava em seu bojo um viés eugenista a partir do qual promovia as maternidades desejáveis em detrimento das consideradas perniciosas. O discurso maternalista seguia pari passu as ideologias que determinam quem deve e quem não deve reproduzir o tecido social. Lembrando que se compartilhava a ideia de que "pobreza era uma fatalidade e que cabia aos bons cristãos minorar os infortúnios dos pobres e desamparados"[3] e se entendia que a reprodução da pobreza se dava pela reprodução dos pobres, e não por fatores socioeconômicos.[4]

Pensemos, por exemplo, no caso de Margaret Sanger.[5] Considerada a "mãe do controle de natalidade", ela lutou pelo direito à contracepção e abriu a primeira clínica com esse objetivo em 1916, nos Estados Unidos, sendo presa na ocasião. Embora afirmasse que "nenhuma mulher pode se considerar livre se não tiver controle sobre seu próprio corpo", a enfermeira e ativista tornou-se parceira e recebeu recursos da Sociedade Eugênica, que pregava que o controle de natalidade deveria ser oferecido às mulheres negras e pobres, mas não às mulheres brancas de classe média. A biografia de Sanger é maculada por essa associação, mas há pesquisadores que afirmam que ela sempre ofereceu assistência a todas as mulheres igualmente, contrariando o ideário eugenista. A clínica que instalou no Harlem a pedido da Urban League de Nova York, com corpo médico, de enfermagem e conselho majoritariamente compostos de pessoas negras, foi elogiada por militantes antirracistas como W. E. B. du Bois e Martin Luther King Jr. Mais do que dar um veredicto final sobre a reputação de Sanger, cuja vida tem passagens claramente racistas, é importante reconhecer que o maternalismo se presta perfeitamente aos discursos que decidem que tipo de apoio e de controle cada mulher receberá para viver sua maternidade, a depender de sua raça ou classe social. Os efeitos das contribuições de Sanger sobre os direitos reprodutivos de mulheres negras e pobres são considerados incontestes até hoje. Ela abriu caminho para o projeto que levaria à produção da pílula anticoncepcional.[6]

Políticas públicas que visam à proteção da mulher "para o bem da família e das crianças" correm o risco de transformar o machismo em política de Estado. A cientista política Gwendolyn Mink chega a afirmar que "as raízes da desigualdade feminina no Estado de bem-estar social podem ser encontradas na política social maternalista".[7] Devemos lembrar, no entanto, as condições das sociedades recém-industrializadas, período no qual o maternalismo surgiu, e a visibilidade que ele deu ao sofrimento das mulheres comuns.

O maternalismo chegou ao Brasil quando a escravidão havia sido recém-abolida e as famílias de ex-escravizados buscavam formas de sobreviver à falta de projeto de indenização pelo Estado, da qual decorria a impossibilidade de inserção social dessa população. As mulheres negras urbanas já tinham uma participação econômica significativa como lavadeiras, cozinheiras, faxineiras e no comércio ambulante, um tanto diferente da mulher branca de elite que vivia uma experiência de maior submissão ao espaço doméstico e ao marido.[8] Isso não equivale a dizer que as mulheres negras não sofriam violências dentro da família, mas que, por força da busca de serviço doméstico remunerado, elas foram capazes de amealhar fundos, que proviam sustento e mesmo, ainda durante a escravidão, permitiram por vezes a compra de alforrias, o que lhes rendia uma circulação diferente das suas congêneres. A mulher negra empreendia no espaço público, onde circulava mais, ainda que sob vigilância, críticas e violências constantes. Os homens negros alforriados não encontravam a mesma condição das companheiras para se inserir no mercado de trabalho informal, fato que se observa até hoje na periferia dos grandes centros urbanos.

Para ocupação dos novos postos de trabalho que surgiam nos campos com o fim da escravidão e com a industrialização, o governo adotou políticas de incentivo à vinda de estrangeiros europeus. Um verdadeiro sistema de cotas para pessoas brancas e europeias foi criado para facilitar e incentivar o assentamento de famílias no campo e a ocupação das vagas nas indústrias. A expectativa era de que esse contingente de europeus ajudasse a "embranquecer" o povo brasileiro e mantivesse os negros afastados dos postos mais qualificados. O ideal "patriótico" incluía a formação de um povo de descendência branca, com filhos cujos traços fisionômicos pudessem favorecer a aceitação do Brasil no mundo e distanciar o país de seu passado escravocrata. A ideia de conter a reprodução da comunidade negra em prol da branca estava, portanto, embutida nas ações do Estado e da burguesia branca.

Mas a vinda dos trabalhadores europeus não se deu de forma harmoniosa e redentora como se esperava. A historiadora Margareth Rago[9] descreve como a chegada do imigrante europeu ao Brasil afetou a mentalidade de um proletariado em formação. Apesar dos incentivos governamentais, as condições de trabalho tanto no campo quanto nos grandes centros urbanos eram péssimas, e a ocupação das cidades se dava em cortiços fétidos onde viviam operários — em grande parte mulheres e crianças — que trabalhavam em fábricas terrivelmente insalubres. As epidemias, recorrentes, eram uma preocupação constante, e levavam a índices alarmantes de mortalidade.

As condições de insalubridade das fábricas e das moradias dos trabalhadores, somadas às jornadas de trabalho intermináveis, tornaram a tensão social insustentável. Muitos trabalhadores europeus, oriundos do movimento anarquista e do movimento socialista, buscaram organizar a luta proletária no Brasil por meio de manifestações, greves e sabotagens.

Rago ressalta que, embora haja pouca documentação, fica claro que as lutas dos trabalhadores no começo do século xx no Brasil contaram com a participação das mulheres, que enfrentavam também a dupla jornada de trabalho e a animosidade masculina nas disputas por vagas. A classe operária era formada em grande parte por mulheres e crianças, pois se tratava de mão de obra mais vulnerável e, portanto, mais propensa ainda à exploração. O movimento proletário masculino, por sua vez, também advogou pela permanência da mulher no lar em função da disputa por postos de trabalho, sendo condescendente apenas com solteiras e viúvas sem renda.

Para fazer frente a essa ameaça, a repressão foi a primeira resposta do Estado e dos empresários. Mas logo ficou claro que oferecer melhores instalações nas fábricas, garantias trabalhistas e melhorias nas condições dos cortiços seria uma saída mais eficiente do que aumentar a pressão sobre os trabalhadores, cada vez mais revoltosos. Além disso, a elite brasileira aspirava a tornar o país uma nação moderna e competitiva e, para isso, precisava de transformações radicais.

Assim, as aspirações principais da nação passaram a ser evitar confrontos dentro das fábricas, modernizar as cidades e embranquecer o país. Mas as medidas pelo "bem" da população e da nação eram aplicadas de forma autoritária e truculenta, causando mais confrontos. A reurbanização das grandes cidades promoveu a expulsão de famílias pobres e negras para as periferias, criando bolsões de pobreza. Nas favelas e cortiços a vida só podia funcionar com base numa mentalidade comunitária, muito diferente do ideário burguês que visava se encastelar para melhor distinguir as famílias;

a ajuda mútua, a interdependência por força de trocas de favores, era condição de sobrevivência e de manutenção de valores e crenças. Estamos longe de romancear a experiência vivida nessas comunidades — a contundência do relato de Carolina Maria de Jesus das agruras da vida na favela, entre tantos outros dados de realidade, não deixa dúvidas de como a luta pela sobrevivência pode embrutecer as relações.

Segundo a historiadora Ana Paula Martins, a insatisfação com as condições sanitárias atingiu a categoria dos médicos, que passaram a entender "que os problemas decorrentes da pobreza não podiam ficar somente ao sabor da caridade e da boa vontade de alguns".[10] Inspirados no modelo dos médicos franceses, os brasileiros passaram a reivindicar uma assistência pública, científica, organizada e dotada de estrutura institucional. Era necessário, então, ter acesso aos domicílios e às fábricas para mudar-lhes a realidade. As práticas sanitaristas deram ensejo para que o Estado tivesse acesso às moradias populares. Agindo como "pai benevolente", a elite progressista e o Estado passaram a condenar a aglomeração e os hábitos de famílias pobres, que viviam e trabalhavam em cubículos apertados e sem ventilação. Mais do que as condições de insalubridade reais, se condenava também o estilo de vida gregário e comunitário, tido como promíscuo e vicioso. O assistencialismo promovido pela elite não esconde o caráter moralista a partir do qual lida com os desafortunados.

A mulher, responsável pelo espaço doméstico, passa a ver no médico um concorrente que condena benzedeiras e práticas de saúde populares, mas também um aliado nos cuidados com as crianças e os familiares enfermos, em uma época em que a mortalidade infantil era altíssima e as epidemias, uma preocupação generalizada. A imposição, pelo Estado, de práticas como vacinação compulsória, aplicada de forma autoritária e violenta, chegou a culminar na trágica Revolta da Vacina,[11] na qual morreram ao menos trinta pessoas, revelando as insatisfações com as mudanças sociais radicais e impostas de cima para baixo.[12]

A amamentação e a puericultura se tornaram uma frente relevante para a erradicação da mortalidade infantil, pontos de ancoragem importantes para a persuasão do discurso maternalista. Foram dois flancos pelos quais se abriu espaço de ingerência de médicos sanitaristas sobre as práticas femininas de cuidado com as crianças dentro das famílias. As mães eram culpabilizadas pelas mortes infantis como se as condições de cuidado só dependessem delas e como se elas se ausentarem para ir trabalhar fosse opcional. Aqui se vê novamente a situação paradoxal na qual se apregoava a necessidade de manter as mulheres nos lares para que os bebês não fossem desmamados precocemente — grande fator de mortalidade infantil —, ao mesmo tempo que não existia opção real de elas ficarem em casa, diante da penúria que viviam. A saída da mulher para o espaço público ainda era muito condenada, e algumas soluções da ideologia maternalista passavam por oferecer auxílio financeiro aos trabalhadores chefes de família para que as mulheres ficassem em casa. Obviamente, essa política não contemplava mães solteiras, viúvas ou mulheres cujo marido estava desempregado. Os auxílios oriundos do Estado e da filantropia para sustentar as mulheres deveriam ser entregues diretamente a elas ou os maridos é que deveriam recebê-los? Numa época em que a mulher mal tinha conquistado o direito de ter propriedades em seu nome e que seu salário deveria ser administrado pelo homem, essa não era uma questão menor.[13] O maternalismo propunha "ajudar" as mulheres na tarefa maternal que lhes cabe, mas sem correr o risco de emancipá-las do homem.

O lugar da mulher pobre na sociedade brasileira se dividia, então, entre a responsabilidade pelo cuidado dos filhos e da família e a busca por trabalho remunerado ou apoio assistencial. A mão de obra feminina se afigurava como "mal necessário" ao qual se conformar diante da pobreza generalizada, mesmo quando o discurso corrente era de que seu lugar era estritamente doméstico. Para os progressistas, a mulheres deveriam ter assegurado o direito de alcançar o espaço público, ainda que sem prejuízo das atividades domésticas que lhe cabiam exclusivamente. O guarda-chuva do maternalismo, então, abrigava as mais diversas ideologias sobre a mulher e a maternidade: religiosa, moralista, progressista, feminista, científica. O que uniria um grupo tão diverso? A resposta é a certeza de que a mulher deve ser "assistida na sua tarefa principal": a reprodução. O termo "assistida" empregado aqui contempla tanto o sentido de ser ajudada como de ser vigiada, a depender da classe social e da raça.

Já as mulheres da elite, que também eram responsáveis pelo cuidado com a casa e com a família, não precisavam — nem lhes era comumente permitido — trabalhar, podendo usufruir de profissionais para o serviço doméstico. Elas formavam um contingente de pessoas instruídas cujas competências não podiam ser exercidas no espaço público, pois nem sequer podiam votar. A filantropia e a luta em nome das mulheres e das crianças pobres passam a ser atividades nas quais mulheres em posições privilegiadas podiam exercer suas competências, adquirir algum poder e prestígio social e ganhar alguma circulação na esfera pública e política. Além disso, alçava as mulheres à posição de patriotas, atuando pelo bem do país ao proteger os novos cidadãos. Isso não invalida a qualidade de seus feitos, que trouxeram enormes ganhos para a causa feminina, mas elucida em parte a obstinação com a qual se dedicaram às cruzadas pela infância e pelas mulheres vulneráveis. Através da atividade filantrópica, as mulheres das famílias mais abastadas encontravam permissão para circular nos espaços de poder comumente reservados aos homens, burlando o lugar ao qual costumavam se ver confinadas. As críticas a essa mobilidade não deixavam de existir, e a ausência do lar para o cumprimento da agenda assistencial não passava despercebida. Ainda assim, as pioneiras do movimento maternalista tinham grande prestígio social, por colocarem a criança como alvo último que se pretendia atingir.

O maternalismo "exaltava as virtudes privadas da domesticidade, ao mesmo tempo que legitimava as relações públicas das mulheres com a política e a propriedade, com a comunidade, o local de trabalho e o mercado".[14] Oferecer condições para que a mulher trabalhe, quando necessário, enquanto prioriza o cuidado da família sempre que possível é a meta — que não esconde a sobrecarga feminina. O ideário conservador do movimento maternalista é alvo de controvérsias, e as feministas dos anos 1960-70 não deixaram de apontá-lo. Mais recentemente, ele vem sendo revisto por historiadoras e outras autoras que discutem seus paradoxos sem ignorar os méritos, argumentando que não haveria espaço para pautas demasiadamente progressistas no período e que os ganhos gerais são incontestes e resgatando a importância histórica do movimento maternalista em prol das mulheres desassistidas pelo Estado e pela sociedade, reiterando que a função e os efeitos do maternalismo ultrapassaram em muito o caráter assistencialista e patriarcal no qual se baseava. Seth Koven e Sonya Michel[15] consideram que se trata de um movimento que forçava os limites entre público e privado, homem e mulher, estado e sociedade civil, tendo sido precursor do Estado de bem-estar social — ideia semelhante à do pesquisador Patrick Wilkinson, que defende que o Estado de bem-estar social se originou da ação das mulheres brancas organizadas em favor das mulheres pobres e proletárias, contrariando a ideia de que o sistema de ajuda estatal tivesse existido apenas a partir da grande recessão de 1929.[16] Numa longa revisão de trabalhos sobre o tema, ele aponta as contradições do movimento, mas ressalta as inúmeras conquistas femininas que dele decorreram. A pesquisadora feminista Maria Lúcia Mott também aponta que o maternalismo não era exclusivamente voltado para as mães, incluindo todas as mulheres em situação de vulnerabilidade.[17] Falando do Brasil, a autora defende o trabalho dessas pioneiras, cujas conquistas dependiam de pautas aceitáveis para homens no poder — fosse no governo ou na Igreja —, e afirma que, dentro do que era possível para a mentalidade da época, foi um movimento importante, eminentemente feminino e em um momento no qual as mulheres brasileiras tinham muito menos voz do que suas congêneres europeias.

O movimento foi muito atuante no Brasil. O estudo de duas revistas femininas do Rio de Janeiro dos anos 1920 serviu de base para a pesquisa de Maria Martha de Luna Freire sobre o tipo de expectativas e exigências a que estavam submetidas as mulheres do início do século xx no Brasil urbano das grandes metrópoles.[18] Veículo privilegiado para a transmissão do ideário da nova mulher, as revistas acabaram por registrar as aspirações do pensamento hegemônico da época. Desse caldo de cultura no qual chafurdam os cidadãos em busca da modernidade, Freire destaca o discurso maternalista. Pérola Byington e Maria Antonieta de Castro foram alguns expoentes do maternalismo no Brasil, com realizações importantes pelas crianças e pelas mulheres, sendo elas mães ou não.

No que tange especificamente ao movimento feminista, o discurso hegemônico do maternalismo encontrará oponentes. A primeira onda feminista, que emergiu das lutas políticas da Revolução Francesa, teve como principal bandeira a igualdade de direitos legais — como ter o nome em propriedades e direitos de herança. Na entrada do século xx, o feminismo liberal não questionava os deveres da mulher junto ao marido e aos filhos. O maternalismo foi largamente encampado pelo feminismo liberal, que lutava por uma mulher emancipada mas cônscia de seus deveres como mãe. As reivindicações de apoio às mulheres no exercício da maternidade e a luta pelo sufrágio universal dividiram o movimento feminista, uma vez que algumas perceberam a armadilha contida na formulação: *ajudar* a mulher, mas na condição de mantê-la sob a tutela do marido ou do Estado e reduzida ao papel de mãe.

O sufrágio universal foi a luta que mais mobilizou a sociedade na virada do século xx, arregimentando homens e mulheres em todo o Ocidente. As pautas que visavam a emancipar a mulher de sua suposta missão como mãe/esposa, das questões reprodutivas e da liberdade sexual e amorosa foram sendo secundarizadas a fim de que o movimento sufragista fosse mais palatável para setores da sociedade como governo e Igreja. Essa negociação, que estreitava o horizonte de reivindicações, é lida por algumas autoras como deletéria a longo prazo, uma vez que após a garantia de direito ao voto houve um arrefecimento do movimento feminista, incapaz de se mobilizar com a mesma força em nome de outras pautas mais estruturais.[19] No entanto, alguns pesquisadores defendem que o contexto não permitia sustentar pautas antimaternalistas, ou seja, pautas que questionassem a reprodução como missão última da mulher.

O grupo que contestava a maternidade compulsória era o das anarcofeministas ou feministas anarquistas sensibilizadas com as lutas proletárias e pouco afeitas ao discurso maternalista que predominava cada vez mais. O feminismo passou a ter sob sua bandeira visões por vezes antagônicas, matéria de acaloradas discussões. Rago resgata da invisibilidade acadêmica as pioneiras do movimento feminista de inspiração anarquista, atuantes no Brasil no início do século xx, e revela as dissensões dentro do movimento feminista denunciado como racista e classista por elas.* As anarcofeministas acusavam o caráter opressivo do discurso maternalista dentro do próprio feminismo, opondo-se à maternidade compulsória e à sua naturalização.[20] Temas como contracepção, amor livre, racismo, elitismo, prostituição, aborto e vasectomia já faziam parte da pauta das feministas anarquistas no início do século xx, que consideravam o sufrágio universal uma reivindicação

---

* Nomes como: Maria Lacerda de Moura, Matilde Magrassi, Maria de Oliveira, Tibi, Josefina Stefani Bertacchi, Maria S. Soares, entre as que assinam matérias para jornais anarquistas. Ver M. Rago, *Do cabaré ao lar: A utopia da cidade disciplinar — Brasil, 1890-1930* e *Entre a história e a liberdade: Luce Fabbri e o anarquismo contemporâneo*, p. 130.

menor e elitista perto das condições de vida reais das mulheres operárias. Maria Lacerda de Moura foi um grande expoente das feministas anarquistas, que pleiteava uma agenda política ainda hoje bem atual.[21] No jornal libertário *A Plebe* de 21 de outubro de 1917, ela publicou seu poema "Amor livre", no qual defendia o tema, que considerava "muito discutido e necessário nas rodas de intelectuais e proletários". Moura rompeu com a sufragista Bertha Lutz — nome fundamental da história do feminismo brasileiro — por Moura não reconhecer como prioritária na luta pelo sufrágio as reais condições de vida das mulheres pobres e negras, assim como a crítica à missão reprodutiva feminina.[22] De fato, as pautas ligadas a liberação sexual tiveram que esperar a segunda onda do movimento, nos anos 1960, para tomarem a frente. Às mulheres negras foi necessário um longo processo de luta e conscientização para que o feminismo negro encontrasse seu lugar de reconhecimento dentro do próprio movimento negro e do movimento feminista ao longo da década de 1970.[23]

Em sua pesquisa para a tese de doutorado, Rago teve a oportunidade de entrevistar Luce Fabbri,[24] autora anarcofeminista com expressiva produção escrita. A pauta dessa importante feminista também tinha ambições sociais e de costumes bem mais ousadas que as do feminismo hegemônico das sufragistas da virada do início do século xx. O importante nessa discussão é sublinhar como o tema do trabalho reprodutivo parece sempre mais polêmico e mais postergável, revelando a hegemonia do discurso maternalista mesmo entre aqueles que se dizem revolucionários.

Maria Martha de Luna Freire aponta que à ideologia do "instinto materno" — criada no século xviii e denunciada por Badinter — veio se somar a ideologia da "maternidade científica", um dos corolários do maternalismo. Essa ideologia parte do pressuposto de que a mulher é naturalmente mãe, mas precisa ser educada para a função. A incoerência flagrante não parecia abalar a retórica dos anos 1920. As demandas da mulher moderna, então, incluíam: cuidar do lar — casa, filhos, marido, si mesma —, de preferência sem ajuda profissional; estudar para ser uma boa dona de casa, esposa e mãe; ajudar financeiramente o marido em caso de necessidade, sem competir com ele no mercado de trabalho; ser obediente, fiel e sexualmente disponível para ele, uma vez que o desejo dela é questionável.

O apoio às crianças, desde então, tem sido associado à mulher no papel de mãe, sem que haja questionamento sobre a lógica da responsabilização exclusiva da mulher na economia dos cuidados. Vemos que a associação mulher-mãe, herdeira do ideário oitocentista, revelará contradições absolutamente atuais para os movimentos em defesa da mulher e das crianças.

Segundo Eirinn Larsen,[25] a maternidade vai se tornando um tema cada vez mais polêmico nas lutas pela emancipação feminina, pois encerra um paradoxo: como exigir a igualdade de gêneros diante da demanda por tratamento diferenciado? Eu acrescentaria: como ignorar que o ciclo reprodutivo cobra faturas distintas para sujeitos nascidos com útero e sem útero? Lutar por direitos sem levar isso em conta é amplificar injustiças.

O maternalismo seria, então, o discurso que a sociedade adota para justificar e dar apoio às mulheres — mas não todas — historicamente reduzidas à função de mães e trabalhadoras domésticas não remuneradas, no exercício de tarefas imprescindíveis para a consolidação e manutenção do capitalismo e da reprodução social. Dito de outra forma, estamos diante do ponto culminante de uma longa cadeia de eventos políticos e sociais que promoveram um discurso que atribuía unicamente à mulher o papel de cuidadora — mesmo que por vezes acumulasse também o papel de provedora —, a fim de assim desincumbir a sociedade da responsabilidade pela economia reprodutiva e pelas próximas gerações. Algo que não tem paralelo no mundo masculino, no qual um homem é antes de tudo um homem e, contingencialmente, pai, e para quem a paternidade é reconhecida mesmo quando ele se ausenta de suas responsabilidades.

O maternalismo apresenta o dilema peculiar das campanhas contra a fome: é prioridade incontestável prover comida àqueles que sofrem com a insegurança alimentar, contudo, se não enfrentarmos as causas estruturais da fome *ao mesmo tempo*, retornaremos infinitamente ao ponto de partida. Da mesma forma, urge resolver a questão do apoio às crianças e às mulheres, porém as soluções não podem ignorar a origem do problema, sob pena de perpetuá-lo. Cuidar da próxima geração também passa por cuidar das mulheres/mães num primeiro momento, mas, igualmente, passa por recuperar a responsabilização da sociedade como um todo pelas novas gerações.

O tema requer uma discussão que leve em conta as condições de atenção e cuidado às mulheres e os riscos de reforçar estigmas que mantêm a mulher na subalternidade. Como apoiar socialmente os cidadãos sem reproduzir desigualdades? Questões de raça e classe social são onipresentes, uma vez que coube às mulheres pobres e, em sua maioria, negras cumprir a agenda de cuidados ostensivos das crianças mais abastadas e brancas — cujos pais não podiam ou não queriam dar conta delas. Para tal, desde a formação do Brasil, essas mulheres tiveram que deixar os próprios filhos em prol dos filhos dos outros. E não podemos esquecer que os direitos reprodutivos não são igualmente acessíveis, a depender da camada social.

Lembremos, no entanto, que esse assunto tem sido tratado erroneamente como se as mães das classes superiores deixassem seus filhos sob cuidados das mães pobres, esquecendo que a solução não deve ser pensada como demanda entre mulheres, mas como demanda das famílias e da sociedade como um todo, que sobrecarregam as mães de formas diferentes. Acreditar que se trata de um problema entre mulheres — brancas e não brancas — é ignorar que o problema é social, e implica reproduzir o discurso maternalista que imputa ao gênero feminino a economia de cuidados. É comum que se diga que "a mãe contratou uma babá ou colocou o filho na creche", esquecendo que essas soluções não dizem respeito às mulheres e seus filhos, mas a cada família e à sociedade como um todo.

Muitas questões surgem em torno do discurso maternalista. Entre elas, nos debruçaremos sobre seus efeitos na psicanálise, visto que são discursos contemporâneos, que bebem da mesma fonte no que se refere à questão da mulher e da mãe — termos por vezes vistos como sinônimos.

Psicanálise e maternidade

O TEMA DA MATERNIDADE é central para a psicanálise, seja pela chave edípica, na qual a tragédia de Sófocles* serve de inspiração para Freud, seja pelo aporte que psicanalistas como Melanie Klein trouxeram sobre a crucialidade das relações precoces.

O mito explorado por Sófocles se presta a ilustrar as ideias do inventor da psicanálise porque trata da busca da

---

* Na peça *Édipo rei*, de Sófocles, Laio e Jocasta, rei e rainha de Tebas, recebem do Oráculo de Delfos a terrível previsão de que seu filho mataria o pai e desposaria a própria mãe. Para evitar tal infortúnio, Laio manda que o bebê recém-nascido seja amarrado pelos pés e pendurado no monte Citerão para ser morto pelas feras. O pastor que recebe tal incumbência se compadece da criança e resolve poupá-la levando-a para longe, sem nunca, contudo, contar-lhe sua origem. Édipo é criado como filho por Políbio, rei de Corinto, até o Oráculo lhe revelar que ele é adotado. Inconformado com a descoberta, o herói vai embora amargurado e no caminho depara com um homem acompanhado de sua comitiva. Por uma desavença, Édipo mata esse homem sem saber que era seu pai biológico, Laio, e que com esse gesto ele cumpria a primeira parte da profecia. Em seguida, dirige-se a Tebas, cidade na qual enfrenta a Esfinge, animal mítico meio mulher, meio leão, que impõe o seguinte desafio: decifrar seu enigma ou ser morto. Ao decifrá-lo, Édipo passa a ser considerado herói e o novo rei de Tebas, apto a desposar a rainha Jocasta, sua mãe biológica. Juntos eles têm quatro filhos. Só quando uma praga se abate sobre a cidade e Édipo consulta o Oráculo é que descobre sua origem e que cumprira a profecia. Assumindo a responsabilidade por seus atos, ainda que ignorasse os fatos, ele se cega e se autoexila.

identidade, de respostas sobre nossa origem e sobre quem somos. Édipo não sabe que é filho de Laio e de Jocasta e, portanto, não sabe que matou inadvertidamente o próprio pai ou que desposou e teve filhos com a própria mãe. Diante da maldição que se abate sobre Tebas — maldição que pode ser comparada ao sintoma psíquico, cuja causa nos escapa, tanto quanto nos concerne —, ele parte em busca da verdade sobre quem assassinou o rei para descobrir, numa reviravolta surpreendente, que foi ele mesmo. Roteiro genial, repetido à exaustão na literatura, representa nossa incessante busca por nossas origens e, ao mesmo tempo, o temor em descobri-las. O que parecia tão enigmático e inalcançável se faz autoevidente, pois, no fim das contas, perseguimos incessantemente a nós mesmos.

Édipo não tem como fugir da sina humana de ser, em última instância, o responsável pela própria existência e por seus erros. Daí a importância de ele se cegar ao final da peça, revelando a posição ética de quem assume seus atos, principalmente os inconscientes.

Freud chama de fase edípica o momento a partir do qual a criança começa, para grande embaraço dos pais, a se perguntar de onde vêm os bebês e para onde vamos ao morrer. Diferentemente do que imaginam os pais, não se trata de uma simples pergunta sobre óvulos e espermatozoides, cuja resposta só aponta para a origem do organismo. A pergunta que começamos a nos fazer por volta dos três anos de idade e que não abandonamos até o fim é sobre a origem da nossa subjetividade, ainda que não consigamos formulá-la com tanta clareza. Uma vez que a origem da subjetividade se dá na relação com quem cuida, trata-se, em última instância, de uma pergunta sobre o desejo dos pais por nós. Por que eles nos tiveram, por que nos insuflaram a vida?

À curiosidade sobre a origem do organismo — pergunta pertinente, mas que encerra uma resposta bem mais objetiva — vem se somar aquela sobre a origem do desejo — de quem cuida e o nosso —, sem o qual não nos tornamos sujeitos. Dito de outra forma, a questão da fecundação/gestação serve de campo imaginário no qual se formulam a questão do desejo dos responsáveis pela nossa existência e a questão do nosso próprio desejo de viver.

Nesse processo de investigação sobre si, descobre-se a parte da mulher e a parte do homem na fecundação, ou seja, as diferenças anátomo-fisiológicas da reprodução. Embora elas não deem pistas do desejo, o reconhecimento de que emergimos de um corpo e não do outro não é sem efeito. Isso coloca a criança diante das limitações de seu próprio corpo, que não pode engendrar corpos sem a participação de outrem. Mesmo em caso de esperma doado ou barriga de aluguel, enquanto não formos clonados a reprodução requer a ação de pelo menos dois, marcando o impossível de ambos e, portanto, de todos nós. Não engendramos bebês a partir de nosso desejo onipotente. Diante do fato biológico de que uns fecundam enquanto outros gestam/parem, criamos uma mitologia coletiva e fantasias individuais para fazerem anteparo à dura realidade de que a origem do organismo não nos faz nada diferentes dos demais mamíferos, o que dá a prova de que não fomos feitos à imagem e semelhança de Deus.

O mito ocidental fundante se encontra no Livro do Gênesis. Segundo ele, Deus criou o homem à sua imagem e semelhança e, depois, da costela do homem criou a mulher.

Susana Muszkat aponta a flagrante inversão que é supor que a mulher emergiu da barriga do homem!¹ Mas é para isso mesmo que essas narrativas servem, para nos proteger e compensar aquilo que do Real* nos parece excessivo ou incompreensível. A história de Adão e Eva é a narrativa coletiva que um povo encontrou para representar o fato de sairmos do corpo da mulher, buscando subvertê-lo através do mito. Jacques Lacan, inspirado nos estudos de Claude Lévi-Strauss, propõe o mito individual,² aquele que cada um criará a partir da própria fantasia inconsciente para tentar se desembaraçar dos enigmáticos fatos da origem. A fantasia inconsciente que cada um cria para lidar com o que não é simbolizável tanto vai permitir que a pessoa se organize diante do Real como vai restringir sua possibilidade de enxergar a realidade. Dito de outra forma, diante do Real — do que é o impossível de saber —, criamos uma fantasia individual, e ela vai determinar, *enquadrar*, nossa realidade. Como na série de pinturas *A condição humana* (1933-45), de René Magritte, na qual as paisagens se confundem com a pintura, que por sua vez está dentro do quadro que vemos, tornando a diferenciação realidade-representação ainda mais perturbadora. Se nos detemos tentando desvendar o que é pintura e o que é paisagem no quadro, caímos na armadilha de acreditar que se trata de uma paisagem

---

* Lacan propõe três registros que constituem a estrutura psíquica: Real, Simbólico e Imaginário. Para abordar aquilo que em nós sempre escapa à imagem (necessária, mas ilusória) e ao simbólico (que tenta nomear o vivido), Lacan cunhou o termo "Real" (bem distinto do que entendemos por realidade). Real não é a realidade, pois essa pressupõe algo inteligível e comunicável e para Lacan é exatamente isso, a inscrição, que não alcançamos desse registro. Nesse sentido, a construção da realidade se presta a recobrir o Real.

real e não de uma representação dentro da representação. Revelar nossos mitos coletivos e individuais é uma forma de questionar a crença rígida com a qual encaramos a realidade que nós mesmos representamos. O mito, portanto, funciona como enquadramento da realidade, aquele espaço restrito através do qual enxergamos a vida e que consideramos ser *a* realidade, negando que se trata de *nossa* realidade, construída a partir de experiências particulares.

O Édipo em Freud trata da assunção de nosso sexo e da escolha de objeto, ou seja, do processo com base no qual nos conformaremos em nos denominar homem ou mulher (a partir da concordância com o que se diz da nossa anatomia) e em desejar alguém do sexo oposto, nos transformando em heterossexuais. Freud aponta para uma bissexualidade de base que só a custo de muita renúncia se conforma com a heterossexualidade compulsória. A heterossexualidade será imposta pela exigência de se identificar com modelos heterossexuais, por meio de coerção e violência. Para Freud, o desenvolvimento sexual normal é aquele que desemboca na cisgeneridade e na heterossexualidade. Apesar de não condenar os homossexuais,[3] ele entende que algo no desenvolvimento psicossexual deles não saiu como deveria.

A antropóloga Gayle Rubin afirma que o criador da psicanálise teve o mérito de descrever o "mecanismo pelo qual os sexos são divididos e alterados, de como as crianças andróginas e bissexuais são transformadas em meninos e meninas".[4] Segundo a autora, ao descrever o desenvolvimento heterossexual de meninos e meninas, Freud teria revelado não a forma *natural* do desenvolvimento psicossexual, mas o mecanismo de coerção no qual se baseia o que Rubin chamou de "sistema de sexo-gênero".[5] Tendo em mente responder como as mulheres se tornaram um gênero oprimido, a antropóloga aponta que a psicanálise é uma teoria que descreve acuradamente a transformação do dado orgânico (sexo biológico) em produto cultural, oferecendo caminhos simbólicos possíveis para sua satisfação. A teoria freudiana seria genial pelo que é capaz de elucidar, mas ideológica, por naturalizar o fenômeno que observa.[6] O fracasso na empreitada de coerção heteronormativa está dado de saída, uma vez que o ser humano é justamente aquele que não tem domínio sobre a própria sexualidade, como Freud aponta nos *Três ensaios sobre a teoria da sexualidade*.[7]

As posições controversas de Freud sobre o desejo feminino o fizeram enfrentar duras críticas de psicanalistas mulheres. Vale retomar um acontecimento que revela a participação das psicanalistas mulheres nesses primórdios. As famosas reuniões de quarta-feira, nas quais um seleto grupo de homens se reunia em torno de Freud para discutir suas descobertas, já contava com a presença da genial Sabina Spielrein,[8] mas exigiu escrutínio dos participantes para que uma mulher tomasse a palavra. Margarete Hilferding, primeira mulher a palestrar para esse restrito círculo de psicanalistas, escolheu o tema da experiência de parto e (ora, vejam só!) a refutação do "instinto materno". Como se pode ler na ata da reunião,[9] a médica e psicanalista agradeceu a audiência e, terminada a discussão, afirmou que, a depender dos comentários sobre sua fala, os homens presentes não haviam entendido suas colocações. Essa palestra se deu em 1911, sete anos antes que as mulheres tivessem direito ao voto na Áustria, revelando o caráter ao mesmo tempo revolucionário e machista do círculo psicanalítico: capaz de aceitar mulheres em suas fileiras, mas com grande resistência a ouvir o que elas tinham a dizer.

Psicanalistas mulheres que traziam na bagagem a experiência de parto e do cuidado com seus bebês chamaram a atenção de Freud para a radicalidade das interações entre mães e bebês desde o nascimento. Os estudos de psicanalistas pioneiras como Karen Horney, Melanie Klein, Anna Freud e Helen Deutsch levaram Freud a escrever os artigos "Sexualidade feminina" e "A feminilidade", nos quais reconhece a importância da relação entre mãe e bebê. Antes da assunção da entrada do terceiro da relação — caracterizado como o pai rival —, a mãe já teria causado enorme impacto na formação da criança. Nascimento, amamentação, desmame e cuidados primordiais realizados por ela deixariam marcas indeléveis no psiquismo. Por excesso ou por falta, se a criança se revelasse neurótica, psicótica ou perversa, a mãe estaria diretamente implicada no resultado. Ali, onde o humano se constitui como tal, haveria a mãe e sua função edificante, neurotizante, perversa ou enlouquecedora; enfim, nela se encontraria a etiologia de grande parte dos quadros de adoecimento psíquico de crianças e adultos. Afinal, eram elas que tinham total responsabilidade no cuidado com o nascituro.[10]

A nova perspectiva metapsicológica, que pôs a mãe no epicentro, trouxe aportes importantes para a psicanálise, ao mesmo tempo que a isolou ainda mais na esfera dos cuidados e das responsabilizações com a prole. A pesquisa se voltou a partir daí à etiologia precoce das psicopatologias e à busca de formas *suficientemente boas* para as mães criarem seus bebês.

Lacan deu um passo a mais e propôs desimaginarizar o Édipo freudiano, esvaziando as figuras de pai, mãe e filho. A ideia é pensar o complexo como estrutura, cujos lugares de caráter lógico e necessário podem ser ocupados por diferentes sujeitos. Ao tirar a família burguesa do centro do complexo, a teoria lacaniana permite a legitimação de outras configurações familiares e mesmo de cuidadores/as em instituições. Em Lacan, encontramos a ideia de "família como resíduo", ou seja, como aquilo do qual não se pode prescindir para criar as condições da constituição subjetiva. Trata-se, portanto, do que seria estrutural. Mas, se pensarmos nos inúmeros casos em que as condições para a constituição psíquica são oferecidas fora dos laços familiares — como nos abrigos que acolhem bebês —, teremos que repensar a continuidade do uso da palavra "família" nessa expressão.[11] Ali onde os laços familiares faltam e, ainda assim, a constituição subjetiva pode ser promovida, a família se torna a configuração mais comum, mas um caso particular. É importante lembrar que o parentesco, associado ao "padrão-ouro de cuidados", é tido como modelo único, quando deveria ser reconhecido como caso hegemônico, mas particular, que não recobre todas as possibilidades.

Com Lacan, o complexo de Édipo passou a ser entendido como uma sucessão de tempos lógicos, e não cronológicos, a partir dos quais um sujeito pode advir. Da experiência difusa de prazer de um *corpo* que se confunde com o meio para o reconhecimento de si e do outro como sujeitos separados vai um longo processo entremeado por ganhos de consciência que funcionam como cortes, definindo um antes e um depois. Essa passagem diz respeito à construção de um corpo[12] para além do organismo. A releitura lacaniana de Édipo permite uma ponte com contribuições trazidas pelos estudos de gênero, os quais também questionam fortemente a personificação do complexo freudiano, que confunde a função com a pessoa real que a exerce.

Após o chacoalhão que o feminismo e os estudos de gênero deram na sociedade, psicanalistas contemporâneos têm feito a crítica de que é preciso retomar as vertentes sociais e políticas presentes em Freud antes de seu recrudescimento biologizante e normativo. Philippe van Haute e Tomas Geyskens,[13] com base em profunda pesquisa dos *Três ensaios sobre a teoria da sexualidade*, demonstraram que a primeira edição de 1905 era mais ousada que as notas acrescidas depois. A tese desses autores holandeses, cuja pesquisa é rigorosa, é de que o Édipo freudiano vai se tornando cada vez mais cisgênero, heteronormativo e desenvolvimentista. Sem mexer no corpo dos *Três ensaios sobre a teoria da sexualidade*,[14] Freud incluiu notas de rodapé a cada nova edição, ao longo de quase vinte anos — elas modificaram tanto os rumos do original[15] que, entre a primeira publicação e a última, não se pode afirmar que se trate exatamente da mesma tese.

Aquilo que começou como proposta revolucionária de uma bissexualidade constitutiva e de uma sexualidade infantil *perverso-polimorfa*, ou seja, sem objeto de satisfação definido a priori, foi dando lugar à normatividade tanto da identificação sexual — reconhecer-se homem ou mulher com base na anatomia — como da escolha de objeto — desejo heterossexual. Daí a pergunta provocadora que os autores usaram para dar título a seu livro: *Psicanálise sem Édipo?*

A solução freudiana ao complexo de Édipo feminino sela o destino da mulher como mãe.[16] Do lado do menino, a renúncia à própria mãe como objeto de desejo é fruto do medo da rivalidade paterna e do consolo de encontrar outras mulheres. Para Freud seria desejável que a esposa ocupasse um lugar "maternal" junto ao marido, aumentando com isso as chances de sucesso da empreitada matrimonial. A esposa como mãe e o marido como filho daria a ambos a compensação perfeita para as renúncias edípicas de cada um.

A menina terá um trabalho a mais na solução do complexo edípico, pois seu primeiro objeto amoroso é a mãe e ela não pode, segundo a cartilha edípica, seguir desejando mulheres. Ela deverá se voltar amorosamente para o pai, até então seu rival, para só depois, renunciando a ele, voltar-se para outros homens. Ela se volta para o pai por ele portar o pênis que a mãe não tem e que não tendo não pode dar à filha. O ressentimento pelo fato de a mãe ser *castrada*, não ter o pênis, levaria a filha a buscar o pai para que ele lhe dê um bebê — substituto do pênis —, assim como deu à mãe. Em seguida, renunciando a realizar esse desejo interditado com o pai, caberia à menina encontrar outro homem que o realize.

Por fim, vê-se que a solução do Édipo feminino está na maternidade, e de preferência de um filho homem, diz Freud. As outras saídas menos exitosas seriam: a inibição sexual e a neurose, devido à insatisfação da mulher por não ter pênis, e a identificação com a masculinidade, que pode levar à homossexualidade. A feminilidade "esperada" estaria ligada ao desejo de filho, o qual, com sorte, será concretizado. Nas palavras de Freud, "sua felicidade é grande se, depois disso, esse desejo de ter um bebê se concretiza na realidade; e muito especialmente assim se dá, se o bebê é um menininho que traz consigo o pênis tão profundamente desejado".[17]

Lacan fez uma releitura do pênis como *falo*, significante da falta. Longe da ideia de um órgão real que homens teriam e mulheres invejariam, o falo diz respeito ao objeto que ocupa o lugar do comutador da falta. Dessa forma, o pênis e o bebê podem ser objetos fálicos, conforme se prestem a encarnar a promessa de satisfação para o sujeito. Nesse sentido, não havendo objeto a priori para satisfazer o desejo, como já postulava Freud nos *Três ensaios sobre a teoria da sexualidade*, o filho também não pode ser a única resposta para a castração que o Édipo impõe. Castração aqui entendida no sentido do limite incontornável da linguagem para responder sobre nossa existência, e não como perda de parte do corpo; portanto, referida a todos os sujeitos inseridos na linguagem, sejam homens ou mulheres.

A teoria psicanalítica prestou-se a reproduzir o discurso que reduz a mulher à mãe e, por sua vez, a mãe a um sujeito cuja sexualidade poderia se restringir ao cuidado com os filhos. As funções que o/a cuidador/a executa para que o bebê se torne sujeito foram sendo erroneamente atribuídas à genitora, bem ao gosto da ideia secular de que o instinto materno é determinante. Desse viés, que hoje entendemos como sendo de gênero,[18] decorreram os termos usados para explicar as funções necessárias no cuidado com as crianças: "função materna" e "função paterna". Trata-se de termos hegemônicos até hoje nos textos psicanalíticos e que revelam sua natureza ideológica e dão margem a confusão.* Se as fun-

---

* Ainda escutamos psicólogos se embaraçando com a ideia de que uma criança criada sem a presença do pai teria problemas com a função paterna, ou na ausência da mãe com a função materna, num flagrante de incompreensão das funções.

ções são materna e paterna, as demais pessoas que cuidam vão sendo escalonadas a partir dessa dupla principal, mãe e pai, que não pode faltar. Disso decorre a hierarquização entre quem cuida, com variações pontuais: a genitora, dita "mãe biológica", isolada no topo, seguida de alguma outra parente feminina da mãe (avó materna, irmã materna), parentes femininas do pai (avó paterna, irmã paterna), seguida do genitor, a mãe adotiva, a cuidadora profissional do sexo feminino (babá, professora), demais parentes do sexo masculino, demais cuidadores do sexo masculino. Para elencar essa hierarquia caso a caso, basta responder quem é comumente acionado quando a genitora não assume a criança. Quantos pais assumem sozinhos a prole? Do outro lado, quantas mães o fazem na ausência do pai? Quanto menor a criança, maior é a tendência de optar por uma cuidadora do sexo feminino (avó, tia) para substituir a genitora.

Não podemos esquecer que a genitora "no topo" não é qualquer genitora: o paradigma dos cuidados com a prole é a mulher cisgênero, branca, heterossexual, adulta, burguesa e, de preferência, casada. As demais figuras são reconhecidas — e, por vezes, se identificam — como arremedos da mãe na comparação com esse ideal misógino, racista, elitista e biologista.

A maternidade é central no edifício psicanalítico por remeter à constituição subjetiva, na qual a mãe teria uma presença maciça, e ao estudo de psicopatologias cuja etiologia estaria nos laços primordiais. Ela também está associada à questão que Freud lamenta não ter conseguido responder até o fim de seu ensino: o que quer uma mulher?[19] "Continente negro da psicanálise"[20] — numa referência ao considerado "exótico" continente africano —, o feminino será um tema psicanalítico perene, a ponto de o filósofo Paul Preciado debochar de sua insistência na Jornada Internacional de Escola da Causa Freudiana de 2019.[21] Passados mais de cem anos, o enigma do desejo humano continua a ser deslocado para a mulher, de tal forma que o próprio convite feito a Preciado para participar do evento se revela um paradoxo. Paradoxo que ele denuncia em *Eu sou o monstro que vos fala: Relatório para uma academia de psicanalistas*, livro que decorreu desse encontro.[22] Como chamar uma pessoa que sabidamente repudia o jogo de poder implícito nas determinações de gênero e que se autodenomina "dissidente do sistema sexo/gênero"[23] para falar *da* mulher em pleno século XXI? Não à toa sua fala foi interrompida por uma profusão de vaias e aplausos que demonstram que a psicanálise se encontra dividida em face dessas questões.

Maria Rita Kehl denuncia a dificuldade de Freud em reconhecer "que a diferença fundamental entre homens e mulheres é tão mínima que não há mistério sobre o 'outro' sexo a que um cavalheiro não pudesse responder indagando a si próprio".[24]

A munição que a psicanálise ofereceu ao maternalismo é inconteste, mas o autor que acabou por criar, inadvertidamente, um conceito fundamental para manter essa interpretação foi Winnicott, com a "preocupação materna primária". Mais do que simplesmente criticá-lo, considero que é possível encontrar em sua formulação insights fundamentais que nos ajudarão a separar o joio do trigo. Separar a psicanálise de seu viés maternalista requer que usemos o conceito winnicottiano de "preocupação materna primária" sob outra perspectiva.

A preocupação materna primária e o modelo uterino de cuidado

Em 1956, o pediatra e psicanalista Donald W. Winnicott formulou a existência de uma condição psíquica especial do fim da gestação às primeiras semanas pós-parto, a qual permitiria à genitora uma competência subjetiva única no cuidado com o recém-nascido. A essa condição, que observou ser de hipersensibilidade e identificação com o bebê, deu o nome de "preocupação materna primária", conceito muito difundido por diferentes áreas e profissionais. Veremos como esse conceito, embora parta de uma observação clínica acurada, desemboca numa interpretação de viés maternalista e como podemos fazer uso dele a partir de sua reformulação.

Com sua sensibilidade e intuição características, Winnicott observou um fenômeno clínico, mas não conseguiu distingui-lo em toda sua complexidade, promovendo uma interpretação que reiterava valores maternalistas. Ou melhor, o discurso maternalista, do qual a psicanálise é contemporânea, e a casuística própria de sua clínica acabaram por fazer do conceito de preocupação materna primária um forte aliado das teorias que colocavam a genitora como única cuidadora à altura das necessidades do recém-nascido.

Por ser pediatra, Winnicott teve uma clínica que lhe deu acesso à observação da relação entre mães e bebês por mais de quarenta anos. Depois de se formar médico nos anos 1920, começou sua análise pessoal e seus estudos para se tornar psicanalista, sem nunca, porém, largar a pediatria. Essa dupla inserção lhe permitiu acompanhar a relação entre bebês e suas principais cuidadoras, majoritariamente genitoras, a partir de uma dupla mirada, como pediatra e psicanalista. Além disso, a pediatria lhe deu oportunidade de acompanhar inúmeros casos de crianças sem queixas específicas — ampliando a casuística psicanalítica, usualmente restrita ao campo do adoecimento.

O autor começa seu texto "A preocupação materna primária" (1956) dialogando com a comunicação de Anna Freud intitulada "Problems of Infantile Neurosis: A Discussion" (1954), na qual a autora afirma discordar da culpabilização das mães na neurose infantil, corriqueira nessa época, como vimos. Se só cabe às mães cuidar e se responsabilizar, é de supor que as dificuldades apresentadas pela criança sejam decorrentes das falhas maternas. Mas Anna Freud defenderá que a experiência infantil é cheia de frustrações e desafios que independem dos esforços da mãe para serem evitadas. A questão se inseria no debate sobre o papel da mãe nos primórdios da constituição subjetiva, naquilo que veio a ser chamado de fase pré-edipiana, ou seja, antes do que Freud chamou de complexo de Édipo.

Freud morreu em 1939 e a pergunta que seus sucessores — Anna Freud, Melanie Klein e Winnicott, entre outros — buscaram responder nos anos 1940-50 diz respeito aos casos de depressão, autismo e psicose infantil causados ou afetados pela Segunda Guerra Mundial. Winnicott argumenta que, apesar de concordar com a srta. Freud, seria proveitoso definir e levar em conta o lugar da mãe na constituição subjetiva do bebê, ou seja, delimitar sua devida importância. Para isso começa demonstrando que a ideia de frustração é estranha ao recém-nascido, cuja subjetividade não tem a complexidade necessária para se frustrar. A experiência do recém-nascido diante da privação de cuidados seria de aniquilamento, de despedaçamento, portanto, bem mais radical e danosa.

Em seguida ele menciona um de seus termos mais interessantes para pensarmos a relação do bebê com esse outro primordial: o "ambiente suficientemente bom". Justamente por ainda não ser capaz de se diferenciar do outro, o recém-nascido vive de forma difusa a experiência com quem dele cuida, ligada ao ambiente que lhe chega como um conjunto de estímulos prazerosos ou desagradáveis. A ideia do ambiente é preciosa e acurada, pois considera a mãe parte de um contexto de cuidados, mais próxima do conceito de "função" que poderá ser exercida por outros. Por ser um *ambiente*, não precisaria ser a mãe ou ainda, a genitora, pois não se trataria de um sujeito único e insubstituível, mas de sujeitos capazes de levar a cabo uma "ação específica",[1] como disse Freud, ou seja, capazes de humanizar o mamífero humano.

A rigor, as funções materna e paterna não teriam gênero, e a formulação de um ambiente de cuidados nos levaria nessa direção. Mas, como vemos ao longo do texto, Winnicott acaba sempre por se referir à mãe que gestou e pariu.

Ideologia própria dos especialistas da época, herdeira direta do discurso maternalista incrementado por uma clínica pediátrica frequentada majoritariamente por genitoras e seus bebês e por uma clínica psicanalítica na qual mesmo os adultos em análise se referiam aos cuidados recebidos de suas mães. Quando a mãe estava presente na infância do paciente, tratava-se de interpretar os efeitos nefastos de suas falhas e excessos; quando estava ausente, tratava-se de interpretar os efeitos devastadores de sua falta.

Winnicott segue seu célebre texto criticando uma visão que reduziria as competências das mães aos recursos biológicos da mulher, pois afirma que é no campo da identificação da mãe com o bebê que pretende fincar suas hipóteses sobre a competência delas no trato com os filhos.* Tendo em vista que se trata de um estágio de dependência absoluta do bebê, o adulto cuidador precisaria desenvolver a capacidade de se identificar e hipersensibilizar com as necessidades do recém-nascido.

Pela descrição winnicottiana do fenômeno, a *puérpera* entraria numa loucura não patológica, pois de remissão espontânea, na qual "ela é o bebê e o bebê é ela". Ele utilizará a expressão "estado esquizoparanoide" para descrever essa "patologia benigna". Aqui reaparece a ideia de que se trata de algo ligado à genitora, na medida em que fora da gravidez/parto se trataria de um estado patológico que, por fim, é descrito pelos termos "dissociação", "distúrbio", "fuga", "episódio esquizoide temporário".

Quando associa a preocupação materna primária diretamente a gestantes e puérperas, Winnicott nos põe diante de um problema. Apenas elas seriam capazes de experimentar esse estado? Se a resposta for afirmativa, por quê? Outra questão tão ou mais importante para nós: o estado esquizoparanoide

---

* O termo será referido apenas a mulheres cisgênero, em função das pacientes a que Winnicott tinha acesso na época.

é necessário para que o/a cuidador/a seja "suficientemente bom/boa"* para o bebê?

Uma pista que nos ajuda a entender a dificuldade do autor em interpretar o que escuta na clínica é a indistinção entre a experiência do parto — de quem pariu — e o nascimento, relativo a quem nasceu. Todo bebê nasceu, nem toda mãe pariu. Será que o que o bebê precisa só pode ser oferecido numa qualidade suficientemente boa por quem o pariu?

Se a fase inicial do bebê dependesse da presença da pessoa que o pariu, seria impossível qualificar a infinidade de casos nos quais isso não acontece e os bebês vivem bem. Como entender, por exemplo, sociedades que por centenas de anos reproduzem o hábito sistemático de deixar o recém-nascido sob responsabilidade de avós e outros/as cuidadores/as, enquanto a genitora só tem acesso a eles para amamentar?[2] Reservemos essa questão, pois veremos que ela não elimina de todo o brilho da intuição winnicottiana.

Na sequência, o autor cita a "mãe devotada comum" ou a "mãe suficientemente boa" para justificar que algumas mulheres podem ser ótimas pessoas e, ainda assim, não serem capazes de desenvolver essa competência necessária para o bebê. Apesar de serem boas mães, fracassariam nessa função, a qual chamou de "função materna nas fases mais primitivas". Entre as hipóteses sobre o que as impediria de alcançar esse estado de identificação estariam a "fuga para a sanidade", a identificação masculina e a inveja do pênis.

---

* Expressão que o autor cunha para descrever os cuidados necessários e suficientes que uma mãe pode prover a seu bebê. Ver D. W. Winnicott, *Os bebês e suas mães*.

No primeiro caso, trata-se de não ter saúde mental suficiente para mergulhar na experiência de dissociação, daí a "fuga para a sanidade". Como o próprio Winnicott diz, a experiência esquizoparanoide observada no puerpério coloca o psiquismo sob ameaça de um colapso caso o bebê pereça.

No segundo caso, a mulher teria um impedimento ligado à dificuldade de se identificar com a feminilidade — condição que Winnicott considera necessária para alcançar a "preocupação materna primária". Muito identificada com a masculinidade, ela encontraria dificuldades de se entregar à "preocupação materna primária". Fica subentendido que a qualidade dessa posição é eminentemente feminina.

O terceiro caso diz respeito à célebre postulação de Freud sobre a inveja do pênis, que as psicanalistas feministas não cansaram de denunciar como interpretação misógina e à qual Melanie Klein contrapôs a inveja do seio. Os impedimentos para a assunção da preocupação materna primária elencados por Winnicott têm relação direta com o que Freud postulou para as dificuldades da menina em lidar com a questão edípica — momento no qual ela depara com um corpo que nunca terá os atributos masculinos, supostamente desejados pela mãe. As saídas para a percepção de que a mulher, ao se comparar com o homem, se perceberia castrada e sofreria de irremediável inveja do pênis incluem a identificação com a masculinidade e os sintomas neuróticos ligados à inibição. Para Freud, diante do reconhecimento devastador de que ela não tem nem nunca terá um pênis, a menina busca ser como os homens, adoecer ou se resignar à feminilidade na esperança de ser recompensada com um bebê, de preferência do sexo masculino. A terceira saída, ser mãe, é considerada por Freud a mais saudável.

Como dirá Serge André, em Freud, "o tornar-se mulher confunde-se [...] com o tornar-se mãe".[3] Conrad Stein, em seu célebre ensaio *As Erínias de uma mãe: Ensaio sobre o ódio*, não se furtará em descrever a dificuldade freudiana de pensar sua mãe como alguém que tem outro interesse ou satisfação maior do que o pequeno Sigmund. Karen Horney se insurgiu contra a inveja do pênis contrapondo-lhe a inveja da maternidade,[4] portanto, do útero, que seus pacientes homens teriam lhe confidenciado no divã.

Mas a inveja do pênis não precisa ser reduzida à tosca interpretação de que se trataria do órgão sexual masculino, pois podemos deslizar seu significado para o poder social dos homens, que não está dado pela anatomia, mas pelo sistema de sexo-gênero que impõe uma leitura simbólica à anatomia. Se a inveja da posição de privilégio dos homens na sociedade é reconhecível, a inveja do pênis seria sua versão imaginária. Mas, se pensamos dessa forma e tomamos o pênis apenas como uma das expressões possíveis de um objeto fálico, como queria Lacan, temos que reconhecer que o bebê é um troféu fálico quase imbatível. E, se aprendemos uma coisa com Freud nos *Três ensaios sobre a teoria da sexualidade*, é que o desejo humano não tem objeto definido a priori; portanto, pênis e bebês podem ser contingencialmente envoltos em um brilho fálico. Para completar essa discussão sobre o que leva alguns, em detrimento de outros, a viverem a preocupação materna primária — o que, para Winnicott, na esteira de Freud, equivale à própria assunção da feminilidade "normal" —, devemos lembrar dos homens transgênero. São sujeitos que, nascidos com útero, se identificam com o gênero masculino e, no entanto, ao parir, podem apresentar a preocupação materna primária descrita por Winnicott, pondo em xeque a questão da identificação com a masculinidade. Mas essa clínica não estava acessível ao pediatra inglês, não lhe permitindo essa contraprova.

Em seguida, Winnicott reitera que a ausência das competências maternas relacionadas à preocupação materna primária teria efeitos irreparáveis na constituição psíquica do bebê. Com base na descrição das competências do bebê (constituição, tendências inatas ao desenvolvimento, motilidade, sensibilidade e instintos), o autor descreve a mãe como aquela que oferece o ambiente no qual o bebê pode constituir seu self.

O funil se estreita a cada vez que o psicanalista se refere à gestação e ao parto para descrever a preocupação materna primária, criando um laço inequívoco entre cuidados imprescindíveis com o recém-nascido e a genitora. Um ato falho corrobora ainda mais a ideia acima, quando o psicanalista contrapõe a mãe do bebê à mãe adotiva. *A mãe do bebê*, sem mais adjetivos, é a genitora, sendo a outra *a mãe adotiva*. Winnicott demonstra estar capturado pela trama de uma clínica na qual o ambiente do bebê se reduzia à casuística de genitoras, raramente a outras cuidadoras, e para quem a separação, em função da guerra, da morte ou de doenças, se mostrava desastrosa.

A generificação e a heteronormatização do conceito de preocupação materna primária é uma questão que se apresenta aos estudiosos — e não se trata de um tema novo.[5] O que parece escapar às bem-vindas críticas do anacronismo do texto é que Winnicott descreve um fato clínico inegável. Ainda que não seja capaz de separar o joio do trigo, sua observação clínica é impecável ao descrever a experiência de grande parte das pessoas que pariram.

Seu erro está em supor que a preocupação materna primária seja condição para que uma pessoa dê conta das necessidades do bebê. Além disso, Winnicott se equivoca ao interpretar a preocupação materna primária como fenômeno exclusivo de genitoras identificadas com sua feminilidade.*

A interpretação winnicottiana das necessidades do bebê nos primórdios é acurada; resta saber quem estaria apto a atendê-las. Então, temos duas grandes intuições winnicottianas: aquela que descreve o que se passa com quem pariu, de um lado, e aquela que revela o que se passa com quem nasce, de outro. É no estabelecimento da relação entre esses dois fenômenos que o pediatra e psicanalista se mostra capturado pelo discurso maternalista.

O autor descreve corretamente algo que costuma se passar com quem vive a gestação e o parto: confusão narcísica com o bebê, hiperidentificação e hipersensibilização com o recém-nascido chegando às raias da esquizoparanoia. Concordamos com Winnicott que esse fenômeno é frequente no ciclo gravídico puerperal, mas discordamos da ideia de que o trabalho de elaboração do trauma do parto e da separação do recém-nascido seja necessário para o bebê ter um/a cuidador/a "suficientemente bom/boa".

Nascituros precisam que quem cuida seja alguém devotado, sensibilizado e identificado com eles num grau de sofisticação que Winnicott descreve perfeitamente, mas, ao ser ambíguo em relação a quem está apto a realizar essa tarefa — e pender

---

* Sejamos justos: parturientes e puérperos do gênero masculino ou não binário não teriam como fazer parte do imaginário winnicottiano fora da patologia.

indisfarçadamente para o lado da genitora —, ele se mostra capturado pelo viés de sua clínica e pela interpretação da época.

Mas será o próprio pediatra e psicanalista que nos dará a chave para escapar do fantasma da *genitora* — e da mulher — vista da ótica do discurso maternalista. Em outro famoso texto, *Os bebês e suas mães*,[6] ele tentará explicar o que permite a identificação da mãe, que ainda trata como genitora, observada na preocupação materna primária. Winnicott começa afirmando que não há nada de místico nessa capacidade e que ela se baseia no fato de a mãe ter sido bebê e recordar que alguém cuidou dela — o que pode ajudar ou atrapalhar em sua própria experiência como mãe. O argumento é interessante, pois acaba por revelar que todos que já foram bebês — e, portanto, homens, mulheres, cisgênero, transgênero, não binários, hetero ou homossexuais — estariam, a princípio, aptos a se identificar suficientemente com um bebê. A singela revelação inclui sob o manto da preocupação materna primária potencialmente todos os seres humanos.

Winnicott tem o mérito de descrever de forma inédita alguns fenômenos psíquicos observáveis no ciclo perinatal, mas ele liga a preocupação materna primária com gravidez e parto durante todo o texto. Paradoxalmente, chega a afirmar que, a rigor, todos podem se candidatar a cuidar das próximas gerações, desde que revelem algumas competências. Mas, se nem todos cuidarão a partir da experiência de gestar e parir, haveria alguma diferença entre o cuidado de quem gesta e pare e os demais? Havendo diferença, ela implicaria vantagem, desvantagem ou se revelaria indiferente? Ora condição necessária, ora contingente, o status da perinatalidade em Winnicott se revela como ponto cego do texto.

Infelizmente, uma leitura equivocada da proposta winnicottiana tem servido de munição para o que eu chamo de *modelo uterino* de cuidado, associado ao corpo da genitora, continente e nutriz. A vivência perinatal, de ocupação e compartilhamento do corpo com o feto, serve de modelo imaginário de ingerência sobre o corpo feminino. O corpo visto desde o modelo uterino, que provê ininterruptamente e sem falhas, não deve se recusar às demandas do outro, sob pena de sofrer retaliações e violências. Gestações mantidas à revelia do desejo de gestantes, medicalização do parto e amamentação compulsória são violências legitimadas e corriqueiras, que se baseiam na presunção de que a mãe/mulher deve estar à disposição do filho, assim como da sociedade. Diante da impossibilidade de ser o objeto onipotente que o outro projeta nela, as mulheres teriam que lidar com a frustração e o ódio dos que não se sentem suficientemente cuidados.*

Para separar a experiência perinatal de gestar e parir das funções necessárias para o cuidado de um bebê, teremos que fazer um percurso pela *genitoridade, perinatalidade* e *parentalidade*.

---

* Frustração como descrita por Lacan, como falta imaginária, que supõe um outro onipotente, o qual *poderia* dar tudo de que a criança precisa mas se *recusa* a fazê-lo. Isso leva a criança a experimentar a impotência diante da falta e a reagir com raiva contra o cuidador. Mas o que de fato está em jogo é a dificuldade da criança em reconhecer que o outro não poderia dar tudo, pois não é onipotente. J. Lacan, *O Seminário*, livro 4, *A relação de objeto*, pp. 24-39.

Genitoridade, perinatalidade e parentalidade

O DISCURSO MATERNALISTA se ancora na ideia de que a mulher é naturalmente talhada para ser mãe e que o cuidado que ela oferece ao filho — mas também aos familiares em geral — é insubstituível, por ser de uma qualidade única. Em função disso cabe ao Estado, à filantropia e ao restante da sociedade "ajudá-la" a realizar o que é entendido como sendo de competência dela. Natural e insubstituível, o cuidado materno teria no que eu chamo de *modelo uterino* o paradigma maior da maternidade. Tomo por modelo uterino a idealização da condição oferecida ao feto no útero, na qual ele é alimentado, aquecido, transportado e oxigenado às expensas do corpo do/a genitor/a, sem que ele/a sequer tenha que lhe adivinhar as vontades. Modelo que se inspira no que Freud chamou de "experiência oceânica" ou "Nirvana", ali onde a falta ainda não se faz reconhecível pelo feto. A partir do nascimento, quem cuida tem que se desdobrar para tentar descobrir como responder às necessidades do bebê.

Ideal de completude, infalibilidade, onipresença, aos moldes do funcionamento biológico, a ser perseguido sob o nome de cuidado *materno*. Para desfazer essa fantasia imaginária e biologizante ou, pelo menos, revelar alguns pontos nos quais se baseia, proponho discriminar entre genitoridade, perinatalidade e parentalidade.

Uso os termos genitor/a no sentido da reprodução de organismos e proponho o neologismo "genitoridade" para melhor qualificar situações nas quais talvez não se apliquem funções ou relações de parentesco. Reservemos os significantes "pai" e "mãe" para quem assume efetivamente o parentesco, deixando os termos "genitor" e "genitora" para o espectro da reprodução de organismos. Dessa forma podemos diferenciar, por exemplo, o homem que engravida uma mulher, com ou sem o consentimento dela (estupro), mas não assume o lugar de pai junto à criança. Ou a mulher que entrega para adoção o recém-nascido com quem não tem desejo de se envolver filialmente. São casos de disjunção entre a procriação e a assunção de um lugar desejante junto à criança. Não se trata de patologia ou falha moral, mas do fato de a filiação ser um ato simbólico e subjetivo que não está garantido pela reprodução do organismo.[1]

Reitero que nem toda entrega de recém-nascido ou criança a outrem seja indício dessa disjunção. Deixar o filho aos cuidados de outrem é uma prática comum em muitas sociedades e não configura, necessariamente, a perda do lugar de pai/mãe junto à prole. O que vai determinar essa possibilidade são as regras explícitas e implícitas na cultura. Também teremos inúmeros casos em que a perda da guarda de um filho não corresponde em absoluto com a perda do lugar subjetivo de pai e mãe junto a ele.[2] Aqui não há espaço para prejulgamentos, cada situação deve ser escutada de forma única, só assim saberemos qual o status da experiência perinatal para cada sujeito. É isso que permite que uma pessoa opte pelo aborto, outra pela continuidade da gestação, outra pela assunção do parentesco e outra ainda por se responsabilizar pelos cuidados com a criança gerada por outrem, uma vez que não podemos confundir gestar, assumir o parentesco e cuidar.

Em função disso, proponho que nos casos de pesquisa de paternidade se use "pesquisa de genitoridade", pois assumir perante a lei a participação na gestação de um feto não significa assumir subjetivamente a paternidade ou a maternidade. A indistinção no uso dos termos traz grande constrangimento aos envolvidos, uma vez que não há teste de DNA que faça alguém tornar-se pai ou mãe de fato, ainda que obrigue o/a genitor/a a assumir responsabilidades legais. Assim também se pode atribuir outra dignidade a quem ocupa o lugar parental e reconhecer que o/a genitor/a precisa assumir algo além, caso deseje ascender ao lugar de pai/mãe junto à criança. Também permite que o/a genitor/a assuma responsabilidades sociais com a dignidade que essa responsabilidade implica. Não há como impor amor e desejo por uma criança, mas, ainda assim, permanecemos responsáveis pelo que geramos, mesmo que isso signifique providenciar um aborto, a entrega para adoção ou o sustento financeiro.

Genitoridade diz respeito à concepção, que decorre do encontro entre esperma e óvulo, e à gestação levada a seu termo, podendo acontecer até em coma na pessoa que abriga o óvulo fecundado. As condições para esse acontecimento são cada vez mais atravessadas pela biotecnologia e por transformações sociais. A gestação é um evento que ocorre no útero de alguém, mesmo que seja alugado ou emprestado para esse fim. A pesquisa médica se dedica a encontrar formas de fazê-la inteiramente fora do corpo humano, a partir do útero artificial,[3] o que traria enorme impacto nas mentalidades e nas relações sociais, embora as relações de parentesco sejam sempre relações simbólicas.[4]

A genitoridade se abre em duas tarefas bem distintas: de um lado, temos as pessoas que gestam e parem; de outro, pessoas capazes de inseminar. Estas precisaram esperar a metade do século XX para que ficasse clara a participação do espermatozoide na concepção, o que dá a dimensão da diferença de comprometimento social, físico e subjetivo em cada caso. Portanto, cabe diferenciar, na genitoridade, a experiência perinatal — relativa à gravidez, ao parto e ao puerpério.

A parentalidade, por sua vez, é de outra ordem, e revela que nem todo organismo acederá à ordem simbólica humana e que nem sempre o/a genitor/a será responsável por cuidar dele. A parentalidade é o campo de estudo das condições materiais e discursivas para que uma nova geração se constitua subjetivamente, que inclui as funções constituintes da subjetividade; a assunção dos lugares de pai e mãe e a época em que estão inseridas essas condições e esses sujeitos. O termo tornou-se polêmico por alguns usos associados à normatividade e à predição.

É digno de nota que a palavra "parentalidade" remeta à questão do parentesco, mas é importante ressaltar que nem sempre as funções necessárias à constituição subjetiva são oferecidas por pais, mães e outros parentes. Assim, a parentalidade abarca as questões de assumir-se pai ou mãe, mas vai além, englobando as funções constituintes e os discursos nos quais foram produzidas. Usamos o termo mantendo essa problemática no horizonte.

Assim, se a *genitoridade* diz respeito ao que se passa para que um novo organismo seja produzido, a *perinatalidade* diz respeito à parte de quem gesta/pare e sua relação com esse evento, enquanto a *parentalidade* diz respeito aos discursos sobre o cuidado com as próximas gerações e às condições oferecidas para realizá-lo. Refere-se também a assumir-se pai ou mãe e às funções necessárias, em cada época, para que se constitua a subjetividade no filhote humano.

Não há como falar da reprodução do organismo que diz respeito ao nascituro sem falar de subjetividade, que diz respeito ao sujeito que vive o ciclo perinatal. Isso significa que aqui falaremos de vários *corpos*. Das estruturas anátomo-fisiológicas ao *corpo erógeno* da psicanálise em sua relação com a constituição do Eu.

Reprodução de corpos

Perinatalidade: gravidez, parto e pós-parto

Segundo o dicionário,* a palavra "perinatalidade" se restringe aos momentos em torno do parto/nascimento. Lembrando que parto diz respeito a quem gestou e pariu e nascimento diz respeito ao bebê. O termo, no entanto, consagrou-se com um uso mais amplo. Estudiosos da área médica e psicológica se apropriaram de "perinatalidade" para definir todo o campo do ciclo gravídico-puerperal e abarcar, com apenas uma palavra, os estudos da gravidez, parto e pós-parto, pensados como um processo e seus desdobramentos. A depender da área de pesquisa, a palavra contempla maior ou menor extensão, mantendo como epicentro o parto/nascimento. Utilizo, então, o termo "perinatalidade" numa acepção que não se restringe ao evento imediato do parto/nascimento, mas inclui as etapas que o antecedem e o ultrapassam relativas à gestação e ao puerpério — como infertilidade, abortos e óbitos de bebê — em sua relação com a subjetividade de quem a experiencia. Estamos num campo em que a reprodução orgânica afeta os sujeitos para além dos padrões instintivos próprios da espécie.

---

* Encontra-se no *Aurélio* a seguinte definição de "perinatal": "Diz-se dos períodos imediatamente anterior e posterior ao parto. *peri*: do grego *perí*; movimento em torno, posição em torno; *natal*: do latim *natale*; relativo ao nascimento".

Freud aponta como a sexualidade humana é apartada da tarefa reprodutiva.[1] Para a psicanálise, a sexualidade está alhures da reprodução e diretamente relacionada ao campo da fantasia inconsciente. Fazemos contracepção, interrompemos gravidezes, encenamos fantasias sexuais, não há paralelos no mundo animal. Teoricamente, gestamos e parimos como os demais mamíferos, mas na prática sofremos e adoecemos de forma singular, o que transforma a experiência perinatal em um evento único e particularmente complexo.

É corriqueiro o uso da expressão "psicologia da gestação" ou "da gestante" em publicações que, como fica claro, se referem à busca por comportamentos generalizáveis. Esse tipo de teoria é importante na criação de políticas públicas e de pesquisas quantitativas. Saber, por exemplo, que o adoecimento psíquico no ciclo de gravidez, parto e puerpério é maior do que em qualquer outro momento da vida de uma mulher cisgênero[2] não define o que se passará com cada uma, mas permite que recursos públicos sejam destinados para melhor acolhê-la. Assim, pode-se preconizar a assistência psicológica na gestação ou, ainda, especificar um grupo que vive um período de maior vulnerabilidade psíquica, como os adolescentes, por exemplo. Já a abordagem psicanalítica do tema é bem distinta. Para ilustrá-la, proponho ao leitor um exercício: feche os olhos e imagine uma gestante.

Minha aposta é que, antes de qualquer crítica ou censura, a primeira imagem que vem à cabeça é de uma mulher, em torno dos 25-35 anos, saudável, branca, entre o sexto e o oitavo mês de gestação. Afinal, essa é a imagem com a qual somos bombardeados pela mídia há décadas. O consumidor nas mídias ainda é predominantemente branco,* jovem, cis, hétero, magro, rico, saudável, sem mutilações ou deficiências, embora a pressão social tenha começado a lhe dar uma nova cara. Se retirarmos essas referências hegemônicas que povoam nosso imaginário e tentarmos ampliar o escopo de possibilidades, poderíamos dizer que se trata simplesmente de uma "mulher em idade fértil, que concebeu e carrega um feto"? Podemos montar um grupo de trocas pessoais, testemunhos de experiência, roda de conversa ou de orientação com base nessa premissa? Sim, mas se trataria, como veremos, de um recorte extremamente particular!

Se usamos o significante "gestante" para esse pretenso grupo, ele deveria poder incluir as meninas de 9-10 anos abusadas que engravidaram, tanto quanto as idosas pós-menopáusicas entre 50-70 anos inseminadas artificialmente. Incluam-se aí também a adolescente e a mulher jovem. A partir do recorte racializado, coloquemos indígenas, negras, brancas, diferentes etnias e diferentes culturas. Acrescentemos gestantes em situação de vulnerabilidade social e as que fazem parte do 1% de ricos em nosso país. Teríamos ainda que abarcar pessoas nascidas com útero que se reconhecem como mulheres e outras que se entendem como homens transgênero. Sem exaurir a questão, juntemos todas as condições emocionais, cognitivas e psíquicas. Tampouco podemos esquecer a situação na qual se deu a concepção, se houve consentimento ou não, pois elas podem ir desde o

---

* A televisão brasileira começa a investir em protagonistas negras em filmes e novelas, nos canais de notícias e nas propagandas, a partir de fortes denúncias dos movimentos sociais antirracistas.

estupro até o planejamento mais meticuloso. Pessoas que fizeram inseminação artificial ou engravidaram sem intermediação médica também devem ser consideradas. Enfim, as possibilidades são inúmeras.

O que poderia haver em comum entre pessoas partindo de condições tão díspares que nos permitiria falar em psicologia *da gestante*? Como pensar *A* gestante a partir da psicanálise, para quem a singularidade é radical? Se voltarmos para a frase acima, na qual propus que "se trataria de uma mulher em idade fértil, que concebeu e carrega um feto", veremos que mulher, idade fértil e mesmo concepção não nos dizem muito sobre nosso objeto de pesquisa.

Além disso, mesmo um grupo que tivesse a pretensão de ser homogêneo — no qual os marcadores de raça, classe, gênero e outros fossem observados — não nos responderia como cada pessoa vive essa experiência. Um grupo numa categoria restrita não nos revelaria nada sobre a forma única como cada um/uma lida com a situação. Então o que faria da perinatalidade um campo de pesquisa, se não existe "a/o" gestante, parturiente e puérpera/o?

Proponho um caminho distinto, que parte não dos sujeitos, que só podem ser contados um a um, mas das condições a que estão submetidos. Ainda assim, sem nenhuma pretensão de que as condições possam ser consideradas homogêneas. Por fim, só me resta dizer que se trata de um *grupo de pessoas lidando com a experiência da concepção a partir de seus recursos psíquicos únicos sob condições e épocas específicas*.

O universal para a psicanálise é o fato de sermos seres de linguagem elaborando as vivências que nos ultrapassam a partir de recursos simbólicos e imaginários, produzindo sintomas e outras soluções. Daí estarmos fadados a mapear o campo sem a pretensão de supor que esse mapeamento nos responderá sobre "a/o" gestante. Isso significa sustentar o paradoxo de adquirir um saber que nos permita *ser ignorantes do outro*. Dito de outra forma, significa que no encontro com uma pessoa gestando, parindo ou recém-parida buscamos evitar, ativamente, impor qualquer suposição prévia sobre a forma como ele/a está lidando com a experiência. Reconhecer a complexidade do fenômeno em que gestantes estão expostos/as serve para que sustentemos uma escuta aberta à singularidade. A condição da escuta aqui é assumir que sobre gestantes/parturientes/puérperas/os nada sabemos a priori, embora tenhamos um repertório sobre as questões que concernem ao campo perinatal. Isso nos permite escutar com o mínimo de suposições e o máximo de abertura, sem a pretensão de uma escuta ideal.

Entre as questões fundamentais ligadas à perinatalidade, as quais cada um responderá de forma própria, elencamos: a materialidade da gestação, o discurso social sobre concepção, parto e puerpério; o impacto desse evento sobre a corporeidade; e os recursos simbólicos-imaginários necessários para lidar com tudo isso. Para pensarmos essa combinação, precisamos considerar as especificidades da *reprodução de corpos*.

Algumas considerações sobre a reprodução de corpos

EMBORA A REPRODUÇÃO seja o feito mais básico para perpetuar qualquer espécie, a evolução trouxe complicações às gestações humanas. Algumas hipóteses apontam o bipedismo e o aumento do cérebro como responsáveis pelas dificuldades no parto e pela antecipação do nascimento dos bebês. O estreitamento da bacia e a pressão da força da gravidade sobre a abertura do útero — agora apontando para baixo, e não mais na horizontal — exigiram um fechamento mais robusto do colo uterino e um consequente trabalho de parto mais demorado e doloroso.[1] O cérebro avantajado também fez com que o bebê nascesse mais cedo, e portanto, mais imaturo e dependente que filhotes de outras espécies.

A prematuridade ao nascer é um tema muito importante para as ciências humanas, pois dela decorre a necessidade de cuidar do nascituro ostensivamente por longos anos antes que ele adquira autonomia. Muito além da nutrição, o cuidado e a proteção do bebê humano exigem que se ocupe dele em tempo integral — tarefa que só pode ter êxito numa rede social complexa e duradoura. Sem isso, nossa espécie não estaria aqui hoje.

Embora ainda não haja consenso sobre o que no processo evolutivo fez de nós humanos,[2] uma das hipóteses mais aceitas diz respeito ao desamparo inicial e à consequente dependência de cuidadores/as. Cuidados ostensivos e prolongados teriam sido responsáveis pela formação de um apego excepcional e pela capacidade de estabelecer uma relação estreita com os bebês. Daí decorre uma interação muito mais significativa, que passa a nos moldar mais que nossos próprios instintos — os quais não se perdem em nós, mas deixam de ser determinantes, haja vista a infinita variabilidade de costumes e hábitos de cuidado entre humanos. Não há consenso nem nos costumes e rituais ligados à concepção, gestação e parto, tampouco nas inúmeras formas de cuidar de uma criança, diferentemente dos demais mamíferos, cuja programação para reprodução e cuidados é bem mais restrita, homogênea e eficiente.

No que tange à perinatalidade, a convalescência da/o puérpera/o e o desamparo do bebê exigem participação ativa de outros agentes sociais na proteção da dupla, implicando que o processo perinatal esteja intrinsecamente ligado à rede social. Devemos lembrar que, a partir do período fértil, as gestações podiam se suceder quase ininterruptamente, por conta da falta de recursos contraceptivos eficientes, intervaladas pelo período de amamentação, em que a fertilidade pode diminuir, mas não cessa.

A reprodução é um processo fisiológico regido pelo sistema límbico, nosso cérebro mais primitivo, no qual as aquisições do neocórtex podem mais atrapalhar do que ajudar. Ela é capaz de ocorrer mesmo se a gestante estiver em coma, o que nos leva a afirmar que gravidez e parto não precisam de uma pessoa consciente para chegar a termo. Esse fato revela a radical diferença entre fisiologia e psiquismo.

O processo pode se dar sem consciência, mas uma vez que ela entra em jogo a coisa muda de figura. Na presença da subjetividade, a relação entre psiquismo e fisiologia se revela intrincada. Os seres humanos, cientes do que está em jogo na perinatalidade — risco à vida, dor, intercorrências —, não gozam da mesma facilidade de parir que os mamíferos em geral, cujos recursos instintuais são prevalentes. Seres humanos são atravessados por crenças e emoções que afetam o organismo e são afetados por ele.

Uma cadela pode cessar a evolução do trabalho de parto instintivamente ao perceber alguma ameaça ambiental, evitando que a ninhada corra riscos ao nascer. Entre humanos, no entanto, os riscos não vêm apenas da hostilidade ambiental — que também afetará a dinâmica do parto —, mas de medos e fantasias que emergem do inconsciente. Mesmo o ambiente mais adequado à fisiologia do parto (tranquilo, pouco iluminado, silencioso e aconchegante, como preconizam os movimentos de humanização) não é suficiente para garantir baixo nível de estresse e para evitar reações psicossomáticas ou desorganização psíquica. Somos ameaçados por crenças, fantasias, lembranças, a história da constituição de nossa corporeidade, nossa relação com a cultura e nossos laços sociais.

A gestação, vivida com indiferença pelos animais — salvo algumas mudanças mais ou menos previsíveis de comportamento de cada espécie —, exigirá um intenso processo elaborativo entre nós. Isso se dá desde o momento em que nos perguntamos se desejamos ter filhos ou simplesmente fazer sexo, ato do qual pode decorrer uma gestação indesejada.

Quanto ao pós-parto, ele será atravessado por elaboração psíquica de sua intensidade, o que envolve luto, eventual sofrimento e, por vezes, adoecimento. O luto é um processo psíquico fundamental e não patológico que nos permite elaborar as sucessivas perdas inerentes à vida. É desejável que possamos fazer o luto do ciclo perinatal remanejando perdas e ganhos envolvidos. O sofrimento também é parte inextricável do fato de sermos afetados pela vida, ainda que se busque atenuá-lo. Acolher o sofrimento que pode advir de uma experiência muito intensa é fundamental para diminuir as chances de adoecimento — e o adoecimento é aquilo que tentamos ativamente evitar ou tratar, sendo essa uma das funções da psicanálise. Diria que a psicanálise promove as condições de fazermos o trabalho do luto para diminuir o sofrimento e evitar o adoecimento.

São inúmeras as questões alheias aos outros animais: entender o que se passou, dar nome a afetos ambivalentes, ser reconhecido no sofrimento e nas dúvidas, dar um destino ao rebento, ser legitimado no papel de pai ou mãe, aprender como cuidar da criança. Para entender como a perinatalidade pode atingir de modo diferente as subjetividades, faz-se necessário discutir o que a psicanálise entende por corporeidade e como ela se constitui.

Ao se embrenhar na seara da sexualidade humana, Freud descobre que somos regidos por um outro corpo, *corpo erógeno*, sobre o qual é fundamental nos debruçarmos para avançar no entendimento da experiência perinatal.

Psicanálise e corpo erógeno

COMO DESCREVE O ANTROPÓLOGO francês David Le Breton,[1] o corpo é tomado por diferentes acepções a depender da época e da cultura, não se tratando de um dado imediato e inequívoco da realidade, como nossa intuição faz supor. Em seus livros, Le Breton faz a arqueologia da ideia de corpo como a conhecemos hoje e aponta para os inquietantes desdobramentos da forma como o pensamos. O que era descrito pela religião como morada do divino e do demoníaco só passa a ser nomeado em termos biológicos, fisiológicos e anatômicos a partir da modernidade. A cosmologia de grupos tradicionais indígenas,[2] por exemplo, considera humanos, animais e diferentes reinos (mineral e vegetal) em relações mais indistintas que na formulação moderna, na qual a figura do indivíduo é vista como unidade recortada de tudo e de todos.

Da interpretação moderna do corpo atomizado decorre a possibilidade de comercialização de suas partes (órgão e tecidos) e produtos (sangue, sêmen, leite...) e a ideia de sua obsolescência — a ser explorada pelo capitalismo com o consumo de medicação, exames e tratamentos. A perinatalidade tem sido o lugar paradoxal no qual um evento fisiológico fora da patologia é alvo de intervenções sistemáticas e intensa medicalização — situação na qual a dor e as intercorrências são comuns, mesmo sendo um evento fisiológico natural.[3]

Mas qual é o corpo que interessa à psicanálise, uma vez que seu olhar se diferencia do olhar da antropologia e da medicina? Para isso teremos que percorrer a experiência de Freud com a doença mais enigmática de seu tempo e cujo tratamento lhe proporcionou acesso inédito ao inconsciente e a outra formulação de corpo: a histeria. Como dissemos, nos anos de formação de Freud, a doença que intrigava os médicos era a histeria, pelo caráter histriônico, incompreensível e refratário aos tratamentos. A histeria não começou com Freud, sendo uma doença associada às mulheres[4] desde a Antiguidade, época na qual foi interpretada como mobilidade do útero dentro do corpo feminino. Embora não fosse novidade, era a linguagem da modernidade — avessa às teorias religiosas ou à medicina clássica — que não conseguia interpretar os sintomas em seus próprios termos. O quadro de sintomas do paciente histérico, homem ou mulher, se compõe de sintomas somáticos sem justificativa orgânica conhecida, de uma variedade e inconstância que podem ser desconcertantes para o médico. Quanto mais se persegue o sintoma, mais ele parece migrar, pondo em xeque a racionalidade biológica. Diante de uma paralisia, de uma cegueira sem causa orgânica aparente e que acabava de uma hora para outra, da inexplicável impossibilidade de engolir alimentos ou falar a própria língua, médicos se viam perplexos e chegavam a desconfiar dos pacientes, que eram alvos de chacota e exasperação. Enigmática por desafiar a ciência, a paralisia de um braço, exemplo trazido por Freud, não correspondia aos circuitos de nervos e tendões, que tornaria o sintoma inteligível, pois ela se dava só na extensão do que chamamos vulgarmente de braço, ou seja, do ombro até as mãos, contrariando tudo o que se sabia sobre neurologia. Ainda assim, a paralisia era um impedimento real e o paciente se via incapaz de se movimentar.

Dizemos que as histéricas* são corresponsáveis pela criação da psicanálise, porque foram as pacientes de Josef Breuer e Freud[5] que os obrigaram a escutar algo para além do biológico. A escuta sistemática dessas mulheres, num primeiro momento fazendo uso de hipnose, teve por resultado a espetacular remissão de sintomas ou sua migração para outras partes do corpo, deixando os doutores vienenses cada vez mais intrigados, mas também mais familiarizados com as questões envolvidas. Foi a partir dessa clínica que aos poucos se formulou a ideia de um outro corpo e a psicanálise passou a ocupar um lugar próprio entre os saberes, para além da medicina e da psicologia. Para além da medicina, pois definiu outro objeto de estudo, outro método de pesquisa e de tratamento. E para além da psicologia, pois, embora também visasse ao comportamento, às competências perceptivas e aos adoecimentos psíquicos, se dedicava ao que está para além do manifesto: o inconsciente.

Diante dos sintomas que desafiavam as leis da medicina, Freud formulou uma concepção inédita de corpo: o *corpo erógeno*. Trata-se de outro corpo, que se constitui a partir de interações com os/as cuidadores/as desde o nascimento que vão deixando marcas de satisfação e núcleos de prazer, as *zonas erógenas*. Como uma digital, cada um de nós traz consigo experiências de prazer e desprazer sobre o corpo, que estão diretamente ligadas aos cuidados. Não se trata, pois, da

---

* A histeria não é exclusividade das mulheres, sendo descritos vários casos de homens com sintomas ditos histéricos já naquela época.

competência sensoperceptiva presente desde o útero, que funciona como condição prévia para a sensibilidade e a percepção do recém-nascido, mas da relação mediada pela palavra, que se estabelece entre o bebê e quem cuida dele enquanto essa pessoa se ocupa de alimentar, embalar e brincar, enfim, interagir com ele. Cada interação com o recém-nascido é carregada de intenções conscientes e inconscientes e de palavras que darão sentido àquilo que de outra maneira seria tomado apenas como descarga motora ou reflexo. É isso que permite que tenhamos uma relação singular com nosso próprio corpo erógeno, no qual nossa história está inscrita.

Ao criar um sintoma que não segue a lógica do que se conhece no discurso da biologia, a histeria revela que se trata da lógica do corpo erógeno regido pelas marcas inconscientes impressas no corpo ao longo da história do sujeito. Freud descobriu que rememorar em análise uma experiência traumática esquecida de infância era capaz de desfazer sintomas que martirizavam o paciente havia anos. A experiência traumática conjugava prazer/desprazer e um significado oculto a ser interpretado. Da possibilidade de curar o que até então era tido como incurável, ele formulou um novo conceito sobre o corpo, sobre a estrutura do psiquismo e sobre a forma de tratá-lo. Freud demonstrou que o inconsciente é determinante no comportamento humano, ao contrário da aposta iluminista numa racionalidade soberana.

Ao observar um cachorro, por exemplo, deduzimos que ele existe plenamente em seu mundo, sem mediação. Ele se comunica, tem memória, sente dor, sente prazer, fica excitado, responde com seus instintos, mas também com aprendizagem e adaptações ao meio. Como nos alerta Donna

Haraway,[6] é arriscado discorrer sobre a experiência última dos outros animais, mas é fácil reconhecer que uma diferença radical entre nós e eles é que nos reconhecemos a nós mesmos e o fazemos através de uma linguagem sempre equívoca. Isso implica que o significado das palavras seja contingente para nós. Se você disser "casa", e o cachorro estiver acostumado a esse comando, provavelmente se dirigirá à casinha dele. Mas, se você disser "casa" para uma pessoa, o sentido dessa palavra só ficará claro diante de outras palavras com as quais ela estiver associada na frase ou diante do contexto em que for proferida. Assim, "casa" pode ser a resposta para uma pergunta sobre o tipo de lugar onde se mora ou pode ser um pedido de casamento. A linguagem humana é equívoca, por dar margem a inúmeros sentidos, a depender da relação entre os significantes.

A Bíblia judaico-cristã ilustra essa diferença com um lindo mito. Comer o fruto proibido da árvore do conhecimento, após sugestão da ardilosa serpente, e ser expulso do paraíso é uma forma bela de ilustrar a aquisição da consciência de si. Perdemos o paraíso da inocência, onde estão os outros animais, e nos envergonhamos diante de nosso corpo recém--revelado. O que está em jogo aqui é o reconhecimento de que, com a aquisição da consciência de si, perdemos acesso à vivência direta do mundo. Nossa relação com o mundo passou a ser mediada pela linguagem, abandonando a ideia de que o experimentamos diretamente pelos sentidos. Nossa percepção é moldada pelo simbólico, e o mundo sensível nos afeta a partir das palavras.

A aquisição da consciência de si nos dividiu internamente, pois, a partir de sua assunção, passamos a nos perscrutar, interrogando a cada momento quem somos, de onde viemos e para onde vamos. O diálogo interno é a marca do humano, embora nem tudo se dê no plano consciente, como a psicanálise bem demonstrou. Se eu falo de mim mesmo, se "penso com meus botões", então já sou dois: o eu que fala de mim e o "mim" de quem eu falo.

Quando a psicanálise se refere ao sujeito, trata-se do *sujeito do inconsciente*,[7] que se refere à nossa divisão subjetiva e nossa relação com o inconsciente e com as pulsões.*

Entre nosso comportamento manifesto e nossas motivações latentes, existe uma diferença que Freud revelou, pois, como dissemos, não somos indivisos. Daí a palavra "indivíduo" — indiviso, não dividido — ser estranha ao contexto psicanalítico. O sujeito do inconsciente — contribuição da leitura lacaniana de Freud — é resultado da entrada na linguagem, que nos divide e não deve ser confundido com o Eu consciente. Precisamos nos concentrar na escuta criteriosa do primeiro se queremos conhecer a verdade sobre o desejo do sujeito. O inconsciente se revela por sonhos, chistes, atos falhos, lapsos e outras formações que costumam ser descartadas como erros ou expressões sem sentido. Freud teve o mérito de alçar as manifestações humanas mais desprezadas pela ciência à categoria de expressões da verdade do sujeito. Somos divididos, como Ferreira Gullar expressou lindamente em seu poema "Traduzir-se", que evoca nossa divisão interna:

---

* Adiante nos deteremos mais na questão do sujeito do inconsciente, da divisão subjetiva e das pulsões.

*Uma parte de mim
é todo mundo;
outra parte é ninguém:
fundo sem fundo.*

*Uma parte de mim
é multidão:
outra parte estranheza
e solidão.*

*Uma parte de mim
pesa, pondera;
outra parte
delira.*

*Uma parte de mim
almoça e janta;
outra parte
se espanta.*

*Uma parte de mim
é permanente;
outra parte
se sabe de repente.*

*Uma parte de mim
é só vertigem;
outra parte
linguagem.*

> Traduzir-se uma parte
> na outra parte
> — que é uma questão
> de vida ou morte —
> será arte?[8]

O poeta descreve isto que em nós causa espanto: sermos divididos e, em parte, estranhos a nós mesmos. Mas não é só espanto que essa irrupção nos causa, porque em função dela também somos levados a produzir poesia, religião e ciência, enfim, formas de tentar dar conta do que nos escapa e nos causa.

Se o corpo é um objeto oferecido à percepção humana, só acessível a partir da linguagem, pois ela o nomeia, então a linguagem cria o corpo, sem nunca o alcançar. Experiências de prazer, dor, atração, repulsa e vergonha, enfim, sensações, sentimentos e percepções não são neutras nem absolutas. O que em uma cultura pode ser excitante em outra será aviltante; o que é atraente numa época pode ser repulsivo em outra. O prazer com os alimentos, por exemplo, não pode ser reduzido ao que as papilas gustativas captam e à estimulação da região cerebral correspondente, nem ao instinto de se alimentar para sobreviver. Os costumes (como comer insetos ou diferentes tipos de animais) afetam a possibilidade de apreciar um alimento, afinal o que é iguaria para um povo pode ser inimaginável para outro. Assim também são nossas vivências com o olhar, com o toque, com os sons, com o sexo.

O simbólico se restringe ao que é capaz de nomear e como o faz, pois para além de certo ponto existe um resto perene, que nunca cessa de produzir a necessidade de ser inscrito, mas que sempre fracassa. É disso que se trata essa poesia de Gullar. Como definir, por exemplo, o amor, experiência humana tão básica quanto intangível? Intuímos que ao falar de amor estamos nos referindo a uma experiência comum, mas os desencontros amorosos estão aí para provar que não. Por não termos como abarcar a experiência por meio da linguagem, haverá sempre um resto intraduzível. Não é isso que os poetas não cansam de denunciar? Estarmos condenados a tentar dizer o indizível que atravessa nossa existência? A cada vez que a poesia consegue rodear de palavras a matéria bruta da vida, ao ser compartilhada leva outros a se sentirem mais próximos de si mesmos. Por isso Lacan aponta para a poesia como recurso último de uma análise. A arte está aí para aludir ao que "não para de não se escrever"[9] — que ele nomeia de Real* e que nunca será inteiramente simbolizável, embora insista permanentemente em tentar sê-lo.

Somos seres de linguagem, pois a linguagem medeia nossa relação com o mundo. O corpo é um objeto do mundo, ainda que privilegiado. Privilegiado pois é na relação de constituição da *corporeidade* que se funda o Eu. Se a vivência direta do corpo está perdida para os humanos, a linguagem cria discursos por meio dos quais pretende se apoderar disso que escapa. A entrada na linguagem nos afasta irremediavelmente do corpo, tornando-se a única forma de abordá-lo. Fazemos isso por meio da gramática religiosa, estética, científica e também pela gramática da fantasia.

---

* Para Lacan, o Real está além e aquém da realidade, porque a realidade diz do que convencionamos como base comum de inteligibilidade, enquanto o Real é o que escapa à simbolização.

Segundo Christian Dunker, a corporeidade é o "conjunto de relações topológicas entre corpo, carne e organismo".*10 Na proposta do autor, o *corpo* diria respeito ao registro simbólico, que se instala na interação com o/a cuidador/a que insere a criança na linguagem. O organismo se refere ao imaginário que se constitui com base na assunção da imagem de si e da constituição do Eu. A *carne* Christian Dunker associa ao Real, aquilo de onde emerge nossa experiência, mas que sempre nos escapa. Trata-se daquilo que o simbólico e o imaginário buscam dar conta, sem jamais dominar. Simbólico, Imaginário e Real, por sua vez, são, segundo Lacan, os três registros a partir dos quais o psiquismo se constitui. A *corporeidade* se funda na relação inextricável entre os três registros que constituem o psiquismo — construção conceitual bem distante da ideia cartesiana de separação entre corpo e mente.

O Simbólico diz respeito à linguagem que nos precede, na qual seremos inseridos por obra da nossa relação com quem cuida de nós. Não qualquer cuidador/a, mas aqueles/as que exercerem as funções constituintes da subjetividade, como veremos mais à frente. Antes de termos um corpo já existe um lugar no qual podemos ser recebidos e do qual receberemos um nome (filho de fulano e sicrana, neto de beltrano). A ordem simbólica está para todos como algo de que podemos usufruir, mas, a priori, não pertence a ninguém, uma vez que estamos todos submetidos ao código. Quem cuida não é detentor da ordem simbólica, mas atua como seu transmissor, encarna-a para o *infans*, termo que usamos para nomear a criança antes do domínio da fala.

---

* Lembrando a ressalva feita na nota da p. 24.

O Imaginário é o registro que serve de fundamento para o Eu. Ele permite que a imagem do bebê lhe sirva de prótese para unificar um corpo que de outra forma seria experimentado como despedaçado. A imagem cria a ilusão de unidade e se fia no Simbólico que permite nomear: essa imagem sou eu.

O Real é aquilo que está para além e aquém do Simbólico e do Imaginário, que escapa a ambos e serve de causa para ambos. Os três registros são inextricáveis, mas não se confundem.

O conceito de corporeidade em Dunker visa desfazer as pretensões de unidade, uma vez que aponta para a instabilidade da relação entre seus elementos fundantes. A ideia aqui é demonstrar como esses elementos não podem ser lidos separadamente, e que pensar a materialidade do corpo é pensar, necessariamente, a linguagem e a imagem.

A perinatalidade é um lugar privilegiado para observarmos como a relação entre esses elementos é posta à prova. Ali onde os corpos são reproduzidos, gestantes, parturientes e puérperas/os são radicalmente confrontadas/os com o Real, buscando formas de simbolizá-lo e de manter a autoimagem que estabiliza o Eu minimamente coesa. Ao deparar com o feto ou recém-nascido, gestante/parturiente/puérpera/o testemunhará o processo através do qual o Real, o Simbólico e o Imaginário podem vir a se enodar na constituição subjetiva.

O Eu e a imagem corporal

O CORPO NA GESTAÇÃO, colonizado por outro corpo, deformado pela gravidez, esvaziado pelo parto e irreconhecível no puerpério, põe à prova as capacidades do sujeito de manter e reorganizar a relação com a autoimagem que sustenta o Eu. Experiências de muita dor, estresse, grande esforço ou no limite da consciência remetem à nossa desorganização fundamental e podem se tornar fonte de grande ansiedade, sofrimento e reações sintomáticas. O sujeito atravessado pela experiência perinatal terá a estabilidade do seu Eu desafiada pelas demandas próprias ao ciclo.

O abalo imaginário traz à tona o estranho em nós, e tal fato exige recursos simbólicos e acolhimento social para que não adoeçamos. O filme alemão *Das Fremde in mir* (2008), de Emily Atef, trata do tema do estranho sob o espectro da perinatalidade. Foi lançado no Brasil com o nome *O estranho em mim* e ganhou o prêmio do público na 32ª Mostra Internacional de Cinema de São Paulo. Nele, a protagonista e seu companheiro aguardam com entusiasmo e leveza a chegada do primeiro filho. Nada indica que o encontro com esse desconhecido, mas já tão amado, poderia trazer algum sofrimento. O parto transcorre com a intensidade que lhe é peculiar, mas sem intercorrências. Ainda assim, o olhar da parturiente para o bebê que acaba de sair de seu corpo é de incompreensão e choque e o entusiasmo imediato do pai e da médica só aumentam a sensação de estranhamento da jovem. Estranhamento do que sai dela, que, afinal, é um desconhecido, e estranhamento de si mesma, por não reconhecer a própria reação. Outra cena emblemática é o momento em que a puérpera, ainda na maternidade, começa a se dirigir vagarosamente ao berço para observar o bebê. Esse gesto ainda incipiente de aproximação é interrompido pela entrada da cunhada. É uma cena delicada, na qual as reações da tia são respeitosas e adequadas com a parturiente e com o bebê, mas a naturalidade com que ela lida com o sobrinho só aumenta o abismo entre a jovem mãe e o recém-nascido. Por que ela parece tão desconectada e tão isolada do bebê que ela mesma pariu, enquanto a cunhada age com tanta familiaridade com a criança que nunca tinha visto? É o que parece se perguntar a jovem mãe.

Justamente pelo fato de estar tão tomada pela experiência perinatal é que a puérpera ainda não é capaz de atribuir-lhe sentido. O Real irrompe no parto e exige trabalho de simbolização. Cada um fará esse trabalho a partir de seus recursos psíquicos, das condições materiais nas quais o parto ocorre — que podem ser adversas, até mesmo violentas — e dos discursos em que está imerso, que muitas vezes induzem a/o parturiente ao adoecimento. Falsas expectativas, patologização das reações e preconceito afetam a elaboração psíquica da intensidade dessa experiência.

Em outro vídeo,[1] no qual podemos acompanhar o parto de uma mulher neuar do Nepal, o parto se dá em condições materiais precárias e a criança é recebida por uma senhora e uma criança. A senhora embala o recém-nascido enquanto fala com ele, e é acompanhada atentamente por uma menina, que deve ter no máximo cinco anos. A parturiente permanece sentada depois do parto, enquanto fuma um cigarro. O bebê é acomodado a seu lado ainda com o cordão umbilical ligado à placenta. Não há grandes arroubos nem reações. Embora um olhar etnocêntrico apresente limitações ao entendimento da cena, parece claro que as expectativas são bem diferentes. Com isso quero dizer que em nossa cultura a romantização da cena do parto leva parturientes a um choque entre o que acham que deveriam sentir — alegria incomensurável do encontro com o tão esperado bebê — e o que de fato sentem ao parir. Também é digna de nota a presença da criança, cuja experiência com a parturição faz parte de sua vida desde a infância, diferentemente da mulher ocidental, para quem o primeiro contato com o parto costuma ser o do seu próprio.

Na gestação/parto, escancaram-se questões fundamentais sobre a relação do sujeito com o próprio corpo. A imagem é afetada drasticamente em pouquíssimo tempo. Enjoo, ganho de peso, excesso de sono, falta de concentração, mudanças digestivas, respiratórias e musculares se impõem, destacam o corpo em primeiro plano e exigem adaptação e reorganização psíquica. Os movimentos do feto no útero provocam reações diversas, que vão da angustiante sensação de invasão alienígena à sublime impressão de completude — às vezes, de forma alternada — ou à indiferença de quem só descobre a gravidez ao parir.[2] Mostra-se relevante o estudo que relata que parte significativa das mulheres na fila para realizar o aborto previsto em lei em função de anencefalia (feto sem cérebro) desistiu após sentir os movimentos fetais.[3] Mesmo que essas gestantes estivessem cientes de que se tratava de uma existência inviável, a percepção dos movimentos involuntários parece ter tido um apelo subjetivo que tornou impossível seguir com o procedimento.

Tamanha transformação tem sido comparada com as transformações da adolescência. Ambas implicam mudança corporal, da percepção de si, do status social. Mas não podemos esquecer que a perinatalidade, diferentemente da adolescência, pode ser uma escolha, e que o produto desses processos é bem distinto: a adolescência dará lugar a uma versão mais autônoma de nós mesmos, enquanto a perinatalidade dará lugar a outro ser humano, totalmente dependente. As transformações físicas da puberdade duram anos, enquanto o ciclo gravídico-puerperal mal passa de um ano, obrigando o psiquismo a elaborações intensas em pouco tempo.

Mas como se forma esse outro corpo que parte do corpo biológico, mas não se confunde com ele? Pensemos no bebê recém-nascido, que não tem recursos para saber quem é e que vive uma sucessão de estímulos desconexos. A dor da fome é um ponto, o ar no pulmão é outro e o contato com as superfícies é outro. Cada uma dessas sensações é vivida antes que ele possa se reconhecer como unidade, ou seja, é vivida de forma fragmentada. A movimentação é descoordenada e sem controle. Temos uma ligeira ideia do que seria isso se imaginarmos a experiência que se dá entre o sono e a vigília ou quando se faz uso de drogas alucinógenas. São momentos de quase dissolução do Eu, nos quais podemos viver a sensação de perda dos limites corporais e a impossibilidade de controlar o próprio corpo.

Mas precisaríamos levar isso a um limite impossível, no qual estaríamos diante daquilo que antecede a consciência de si como unidade, antes do Eu constituído — o que é uma contradição, pois não podemos formular nada sobre essa experiência em que a capacidade de formulação está ausente. Por isso, trata-se de um tempo mítico, no qual se supõe o que haveria antes de termos desfrutado da árvore do conhecimento. De fato, a única coisa que podemos fazer é especular sobre um tempo que nos permanecerá sempre enigmático, por estar aquém da consciência. O fruto proibido que nos expulsou desse tempo mítico e impensável é a própria entrada na linguagem.

Ao longo do processo de interação com o ambiente e da exploração dos sentidos, acumulamos memórias de vozes, cheiros, imagens, sabores e demais estímulos. O processo de instauração da linguagem, que se estabelece na relação com as pessoas que cuidam do bebê nesse ambiente rico em estímulos, deixa marcas inconscientes. Nesses primórdios, os/as cuidadores/as são parte indiscernível do ambiente. A falta de alguém é vivida como ausência de alguns estímulos associados que essa pessoa comporta, sem que o bebê saiba que se trata de uma unidade, do outro.

Aqui estamos na fronteira da instalação da subjetividade, o que chamei de "reprodução de sujeitos", em que o corpo erógeno se funda para além da estrutura anátomo-fisiológica. Durante o processo de reconhecimento de si, o bebê se verá espelhado no olhar e na voz dos outros em volta, que reagem às suas manifestações. Reagirá e presenciará reações aos seus comportamentos, se perceberá sendo visto e verá nos outros algo que o fará ser reconhecido com uma imagem coesa. Ao emitir um som aleatório, receberá de quem cuida a interpretação de seu ruído e o eco de sua voz. Ele imita quem cuida e é por ele/ela imitado, num jogo de vaivém fundamental. Aos poucos, o corpo de quem cuida vai sendo reconhecido como unidade diferenciada. Ausência e presença, sobre as quais nos deteremos mais à frente, passam a ser reconhecidas e são fundamentais para que as partes se destaquem do todo. Esse jogo permitirá que ele destaque essas figuras do ambiente e passe a reconhecê-las, no mesmo processo através do qual caminha para o autorreconhecimento.

Entre seis e dezoito meses de idade, aproximadamente, o bebê se reconhecerá diante da própria imagem refletida num espelho — paradigma lacaniano da assunção do Eu.[4] Ele faz isso não porque sua imagem lhe foi apresentada pelo artefato, mas porque antes já se vira refletido no olhar dos/as cuidadores/as,[5] que interagem responsivamente às suas manifestações. O reconhecimento da imagem é a culminância de um processo que o antecede e que está ancorado na linguagem. Isso que vejo "é o bebê, sou eu".

Lacan nomeia esse momento como "estádio do espelho" e salienta que a experiência de júbilo da criança diante de sua imagem se associa à pulsão. O que está em jogo aqui é a possibilidade de assumir a imagem de si como esteio para a construção do Eu e de reconhecer o prazer associado à descoberta da imagem do corpo próprio. Para além da soma dos prazeres ligados às zonas erógenas — boca, ânus e genitais —, trata-se do prazer com a percepção da própria imagem. Embora sinta a própria incoordenação e total dependência, ao ver sua imagem o bebê antecipa a conformação de uma unidade. É como se dissesse: "Eu sou isso aí que vejo no espelho, essa unidade completa e coordenada", embora de fato ninguém seja uma unidade completa. Nessa "assunção jubilatória",[6] a falta de controle é suplantada pela imagem, ou seja, ele se aliena na imagem de si e passa a desconhecer a experiência de fragmentação. Trata-se de uma autoilusão necessária.

A imagem de si pode ser reconhecida, pois o bebê vê em volta outros seres como ele que o reconhecem, mas ela depende do registro simbólico, ou seja, o que está ali tem que ser nomeável: "É o bebê". Sem a nomeação, a imagem não teria lastro, ou seja, o que nos permite esse salto em relação aos demais animais é a linguagem, da qual somos tributários, em sua relação com o registro imaginário. Nossos recursos simbólicos e imaginários velam o caos da vivência corporal, fragmentária e caótica. A essa parte em nós que fica de fora da captura pela imagem de completude, Lacan chama de registro do Real.*

Sou esse que está no espelho, sou o bebê — mostrando que o bebê fala de si mesmo na terceira pessoa nesse começo. Isso significa que ele toma a si mesmo como um objeto, o qual nomeia (*eu* sou *isso*). Nada disso ocorre sem a mediação de quem cuida. A experiência prescinde de espelho e mesmo de visão, caso contrário pessoas com deficiência visual estariam de fora. Trata-se do reconhecimento de si baseado na relação com quem cuida e com uma ideia de unidade que também é construída pelo olhar, pela voz e pelo toque.

A imagem de si reconhecida a partir do laço social é necessária, constituinte, mas enganadora, oferecendo a falsa sensação de que somos uma unidade coordenada e consistente.

---

* Para abordar aquilo que em nós sempre escapa ao Imaginário (fundamental, mas calcado na ilusão da imagem) e ao Simbólico (que tenta nomear o vivido), Lacan cunhou o termo Real (bem distinto do que entendemos por realidade). O Real não é a realidade, pois a realidade é construída justamente para tamponar o real que lhe escapa.

O Eu, para ser reconhecido como unidade, precisa colocar de fora as partes de si que não são visíveis diante do espelho, ou seja, dessa imagem que internalizamos. Só formulamos a unidade do Eu na condição de deixarmos de fora tudo o que lhe escapa e que virá a se tornar inconsciente — o estranho em nós —, irremediavelmente inacessível e cujas manifestações encontramos nos sonhos, nos lapsos, nos sintomas, nos atos falhos, nos chistes. O Eu se funda em uma relação dialética com o inconsciente, alienando-se dele. O Eu é uma organização necessária que se sustenta na ilusão de completude, portanto é instável, sujeita a desorganizações vividas como angústia. As manifestações daquilo que ficou de fora da imagem, que são produções do inconsciente, nos abalam porque dão notícia daquilo em nós que foi banido da conversa para mantermos a fantasia de unidade. Basta uma experiência na qual deparamos com uma imagem nossa que não corresponda à imagem interiorizada para que nos estranhemos e nos angustiemos. Para explicar o estranho em nós, Freud usa como exemplo uma cena na qual depara com um velho antipático no trem. Em seguida percebe que se trata da própria imagem refletida na porta envidraçada da cabine. A alteridade está em nós mesmos e nos assusta como se fosse um outro. A sensação de que não correspondemos à imagem que fazemos de nós mesmos é a questão central de uma análise.

A imagem traz júbilo ao bebê porque ela é idealizada pelo olhar de quem cuida e coroa "sua majestade, o bebê", como dizia Freud.[7] Calcados nessa imagem idealizada, somos assombrados por expectativas irreais que nos fazem sentir permanentemente inadequados e impostores. O júbilo diante da imagem de si é precedido de uma intensa relação com o corpo erógeno de quem cuida (voz, cheiro, olhar, tato, movimentação, manipulação). Esse corpo a corpo é imprescindível e vai marcar a experiência de prazer e desprazer em cada um de nós de forma única, como uma digital.

A imagem, que funda o que chamamos de Eu, embora seja constituinte e estruturante, tem fundamento instável,[8] pois imputa integridade, unidade e completude à "metamorfose ambulante" que somos, como dizia Raul Seixas. Faz-se necessário aparar as arestas que não compõem a unidade ilusória, ou seja, delimitar e nomear as vivências e o incessante afluxo do inconsciente. Equilíbrio instável, sujeito a deslizes promotores de angústia e desorganização psíquica, mas também de saídas criativas e renovadoras. Aquilo que nos faz sofrer também é responsável pela inventividade.

Quem cuida *libidiniza* o corpo do recém-nascido por meio do trato amoroso e investido, instituindo o corpo erógeno. O estádio do espelho é a culminância desse processo de construção de um corpo, agora contornado pela imagem, nomeado pelo Simbólico e marcado por experiências únicas de prazer e de desprazer.

Do que é feito um bebê?

SOMOS IMERSOS EM IMAGENS enternecedoras de bebês, sejam nossos filhos, sobrinhos, filhos de amigos ou, simplesmente, as que circulam nas mídias. Também somos profundamente afetados por qualquer tipo de situação de negligência e sofrimento dos pequenos. O bebê não se apresenta para nós como um fato dado pela materialidade do organismo, pois somos nós que definimos o que é um bebê, ou seja, nós determinamos quem merece receber o status de semelhante, com direito à vida e aos cuidados. De forma alguma se trata de um dado garantido pela reprodução do organismo. Como tudo o que é da ordem do humano, é a linguagem que intermedeia nossa experiência com o nascituro.

Como seres de linguagem, somos nós que definimos se a massa orgânica que cresce no corpo do/a gestante é um bebê que merece viver ou se é um embrião/feto a ser abortado. É o discurso que define se estamos diante de uma criança bem-vinda ou de um amontoado de células que dará lugar a um aborto ou infanticídio. A discussão sobre a legalização do aborto é acalorada e infindável porque parte da falsa ideia de que existiria uma verdade última sobre o início da vida, e, embora possamos determinar com precisão o momento da concepção, do primeiro batimento cardíaco ou do pleno funcionamento cerebral, nada disso trará respostas sobre o que *nós chamamos* de ser humano, semelhante ou cidadão de direito. Por se tratar de nomeação, será sempre um fato cultural e, portanto, uma convenção arbitrária.

As células não dizem nada, somos nós que nomeamos as células. Isso permite uma miríade de respostas para o mesmo fenômeno, e também grandes impasses. Por isso entendo que o direito a escolher levar ou não uma gestação adiante diz respeito ao direito inalienável sobre o próprio corpo de quem gesta, e não a uma pretensa palavra final sobre o início da vida no útero.

Há situações de proibição total de interrupção da gestação e períodos gestacionais nos quais ela é possível, e existe, ainda, a interrupção da vida após o nascimento, como no protocolo de Groningen,[1] em vigor na Holanda. Segundo esse protocolo, existe a possibilidade de se fazer a eutanásia em recém-nascidos comprometidos, mas não necessariamente inviáveis, cuja anomalia não foi detectada em exames pré-natais. Essas escolhas podem estar dentro ou fora da lei, a depender do estatuto do bebê e do/a gestante em cada sociedade, numa determinada época.

Observamos como algumas práticas de povos originários revelam essa questão cultural, como no caso dos "interditos da vida".[2] Em sociedades nativas amazônicas, a prática — rara em nossos dias — de deixar morrer um recém-nascido que não pode ser devidamente cuidado choca sensibilidades etnocêntricas, que ignoram a lógica em torno desse evento. Longe de revelar selvageria ou insensibilidade, demonstram extrema ética social. Essas práticas se baseiam na premissa de que é quase impossível um bebê ser cuidado pela comunidade sem pai ou mãe suficientemente disponíveis que dele se ocupem, no caso de gemelaridade, anomalia ou de filhos nascidos em intervalo de tempo muito pequeno entre si. Essas situações podem pôr a comunidade toda em risco, pois a interdependência é reconhecida como base de sustentação desses grupamentos humanos. Diante dessa impossibilidade, uma prática — bem pouco usual na atualidade — é não integrar o recém-nascido à comunidade, deixando que morra ao nascer, uma vez que a contracepção falha e os abortos são sempre um risco de vida para a gestante. O uso do termo "infanticídio" se mostra inapropriado em tais casos, pois, nesses grupos, o nascimento só é reconhecido a posteriori em uma assunção simbólica, ou seja, não há morte de bebê quando não há bebê.

Como reitera Segato, ao denunciar o etnocentrismo das missões evangélicas entre ameríndios, para esses indígenas o tempo do parto não coincide com o nascimento cultural.[3] Por ainda não haver *nascimento*, não se trataria de infanticídio, mas de algo comparável ao que chamamos de aborto legal. O nascimento, nesse caso, não se confunde com o parto. Assim como o aborto é reconhecido não como matança de bebês, mas interrupção da vida em fase embrionária, o *interdito da vida* se dá após o parto, pois não se confunde com o nascimento simbólico.

O exemplo também serve para ilustrar o grau de dependência social que cada novo integrante tem em relação à sociedade. Nessas culturas, é impensável haver criança desassistida, tão comum entre nós (crianças pedintes, em situação de rua, abandonadas). Cada comunidade é responsável por todos os membros, os quais, no limite, se consideram parentes, haja ou não vínculo familiar. Um bebê não sobrevive sem os cuidados necessários ao longo de anos, e essas sociedades não cogitam que algum membro do grupo fique à margem. A sobrevivência é pensada em termos coletivos; portanto, a criança marginalizada não é uma possibilidade. Para nossa sociedade, ao contrário, o puritanismo reprodutivo é seguido de descaso com as crianças, questão ininteligível para os povos originários.[4] A próxima geração é um problema perene para as comunidades humanas, que será resolvido ou negligenciado a depender da época e dos valores compartilhados por cada povo.

Quem diz, afinal, que o embrião é um bebê ou um candidato ao aborto?[5] É comum em nossa sociedade as pessoas se relacionarem com as imagens nebulosas dos primeiros ultrassons como se tratasse de um bebê a termo. Da mesma forma que velamos nosso próprio corpo, cuja propriocepção é fragmentada, com a imagem coesa e com o Simbólico, também o fazemos com o feto/embrião. Isso é facilmente observável quando vemos imagens de ultrassom dessas primeiras semanas de gestação sendo exibidas por pais e mães como se fossem do bebê inteiramente formado. Na outra ponta, temos as mesmas imagens sendo interpretadas como de um embrião a ser abortado eletivamente. Ou seja, a nomeação da imagem — bebê ou aborto — depende da interpretação da imagem e não dela em si mesma, pois é o Simbólico que determina o sentido da imagem, o que é e o que não é, e, a partir daí, nos posicionamos. Quanto mais coeso o discurso sobre o começo da vida em uma sociedade, mais claramente poderemos nos posicionar. Mas numa sociedade como a nossa convivem vários discursos, por vezes antagônicos entre si, fato que nos obriga a descobrir como cada um nomeia o que é um bebê, ou seja, como as pessoas envolvidas com o ciclo gravídico puerperal lidam com o fruto da concepção, uma a uma.

São inúmeras as situações que podem desembocar em desfechos diferentes. Até pouco tempo, embriões fecundados in vitro poderiam ser eliminados — prática que visava eliminar o contingente de embriões que ultrapassasse o que era desejável para implantação no útero. Hoje, em função da legislação, esse excedente deve ser preservado.* A imagem do feto/embrião/recém-nascido é traduzida em cada cultura e época a partir de valores que a antecedem.

Para nomear o recobrimento do embrião/feto com a imagem de um bebê completo, Piera Aulagnier[6] usou o conceito de "corpo imaginado". Trata-se da imagem que serve de anteparo entre nós e aquilo que se desenvolve no útero, uma tela que torna o embrião um bebê antes de estar formado. Alguns associarão imediatamente o óvulo fecundado ao bebê, outros levarão um lapso de tempo, outros nunca o farão. A ilusão que antecipa a existência de um bebê não está ligada ao momento gestacional, pois depende dos ditames da cultura que oferece as bases para a nomeação do fato biológico e da relação narcísica que o observador estabelece com o feto.

A cultura determina o que é bebê e o que é aborto, mas isso não significa que a/o gestante estará inteiramente de

---

* A resolução CFM n. 1358/1992 proibiu a redução embrionária, a seleção de sexo, a transferência de mais de quatro embriões por ciclo (tentativa) e a destruição e comercialização de gametas e embriões. Porém, permitiu a prática de congelamento e a realização de diagnóstico genético pré-implantacional (PGD). Ela foi sucedida por outras resoluções, nas quais a redução embrionária permanece proibida.

acordo com essa determinação. Estão aí as disputas jurídicas sobre o direito ou não à interrupção da gravidez ou as discussões infindáveis sobre o início da vida. Ou seja, não há palavra final sobre o tema, mas convenções que consideram mais ou menos o direito de genitores sobre o próprio corpo e o acordo ou choque entre ambos.

A partir da experiência de constituição subjetiva e de formação do Eu, criamos uma imagem unificada do nosso próprio corpo que servirá de lastro para que o bebê sob nossos cuidados também venha a se reconhecer no espelho como unidade. O espelho tanto é o reflexo da minha imagem corporal que recebo visualmente como é o reflexo do olhar de quem cuida, como "ilusão antecipatória de sujeito".[7] O recobrimento imaginário do embrião se faz com base em recursos dos registros simbólico e imaginário da/o gestante/parturiente, mas por vezes isso não acontece, ou seja, ela/e continua a ver um amontoado de células em desenvolvimento.

A/o parturiente tem um trabalho elaborativo diferente do das demais pessoas que se relacionam com o nascituro. Ela/e precisa encontrar alguma forma de abstrair o efeito desorganizador de ver sair de si algo que até então era parte do seu corpo (como se fosse um órgão) e, ao mesmo tempo, um outro, que não coincide com o bebê aguardado (fruto da sua fantasia). A fantasia em jogo na gestação é parir a si mesmo e cuidar de si mesmo, ou seja, uma fantasia narcisista e onipotente. O parto obriga a encarar: o que nasce é um outro, e não o *mini me* pelo qual o inconsciente anseia. Gestação/parto tem impacto sobre a autoimagem e põe à prova a constituição subjetiva de gestantes e parturientes. Sonhamos um bebê — e é importante que o façamos —, mas nos chega outro. Daí a importância da segunda palavra depois de onipotência para quem lida com a perinatalidade: luto. O tão comentado luto do bebê sonhado, que dará ensejo ao que se veio chamar de baby blues.*

Esse breve percurso tem por finalidade apontar que a pessoa que passa pelo ciclo perinatal terá um trabalho psíquico distinto daquela que recebeu a notícia de que se tornará pai ou mãe a partir da gestação de outrem. Se essas diferentes experiências trarão vantagens ou desvantagens, está aí uma questão em aberto a ser pensada caso a caso, e não assumida como fato a priori.

---

* O luto pela chegada do bebê real é necessário para pais e mães adotantes também, mas mostrarei mais adiante a especificidade do filho que emerge da experiência de gestar e parir. Reitero que essa especificidade não deve ser interpretada como juízo de valor ou vantagem sobre as demais.

O parto

AO LONGO DA HISTÓRIA, lidamos com o imponderável da gravidez e do parto usando conhecimentos empíricos, superstições e instituindo tabus. Gestar e parir nos aproxima da fantasia de "brincar de Deus" arbitrando entre dar ou tirar a vida. Como substituímos Deus pela ciência, restou-nos imputar a responsabilidade sobre o imponderável ao paciente, ao médico, em último caso à medicina, num jogo que se baseia na crença de que haveria controles e garantias e de que todas as intercorrências seriam passíveis de explicação. Atualmente, a medicina e especialistas variados que a orbitam ocupam o lugar de detentores do saber sobre a experiência perinatal, a que respondem por meio da medicalização, do controle e da comercialização de produtos e serviços.

Quem gestou e pariu acaba por ser responsabilizado/a pelo que se passa no processo perinatal, suas alegrias e seus fracassos. Assim, a infertilidade, doenças e perdas gestacionais, problemas no parto e óbitos são vistos como fracassos de gestantes e puérperas/os, na maioria absoluta dos casos. Se ocorrer um erro médico, sempre se poderá dizer que a gestante fez uma má escolha ou se deixou enganar. A responsabilização decorre da fantasia onipotente de produzir vidas e tem como efeito o risco de cair no oposto: a impotência. A clínica revela esse jogo arriscado (onipotência/impotência) por meio de sintomas e angústias. Comentários anódinos durante um exame de ultrassom, por exemplo, sobre o formato da barriga ou sobre casos de perdas perinatais podem desencadear crises de ansiedade significativas em gestantes e puérperas/os.

O parto é eminentemente traumático, mesmo quando tudo ocorre bem, pois há algo que insiste em não ser simbolizado. O conceito de trauma está nos fundamentos da psicanálise, quando Freud reconheceu que cenas traumáticas recalcadas eram responsáveis pelos sintomas que lhe chegavam na clínica. Desde então, a teoria do trauma tem tido importantes desdobramentos e interpretações. Num primeiro momento, Freud considera que todos os seus pacientes teriam passado por experiências dolorosas e abusivas quando crianças, majoritariamente de cunho sexual que, acionadas por outros dissabores atuais e por uma predisposição pessoal, causariam os sintomas.[1] Até que essa cadeia de eventos não tivesse sido esclarecida — num primeiro momento de sua clínica pelo uso da hipnose —, não haveria cura. Aos poucos Freud passou a desconfiar da própria hipótese, momento no qual confidenciou "não acreditar mais na sua neurótica",[2] ou seja, não acreditar mais em sua teoria sobre a etiologia da neurose. Ele começou a se questionar se realmente todos os pacientes que lhe chegavam teriam sido seduzidos por quem cuidara deles. Além disso, ele considerava a si mesmo neurótico e não tinha como imputar a seus pais queixas dessa ordem. Nesse momento, passou a desenvolver a teoria da fantasia, na qual o acontecimento factual passa a ser secundário, um disparador contingencial. As fantasias do paciente seriam acionadas por situações intensas, mas fortuitas, capazes de fazê-lo adoecer profundamente. Assim, menos do que tentar relembrar a cena à qual o trauma estaria referido, caberia ao analista descobrir as fantasias do paciente acionadas pela situação. A teoria da sedução e a teoria da fantasia, essa última ligada às fantasias edípicas, caminham juntas na obra freudiana com maior ou menor peso a depender do momento, levando psicanalistas a discussões ricas sobre o lugar de cada uma.[3]

A partir do fim da Primeira Guerra Mundial, o conceito de pulsão de morte se sobressaiu na obra freudiana. Em "Além do princípio do prazer",[4] o inventor da psicanálise voltava a se perguntar sobre os pesadelos recorrentes de pessoas que sofreram traumas de guerra, por exemplo. Essa insistência era enigmática, uma vez que os sonhos eram tidos como realização de desejos. Em a *A interpretação dos sonhos*,[5] a repetição está associada à busca por reviver uma experiência original de satisfação que causa e move o desejo. Desejo que entra em conflito com os interditos sociais. O reconhecimento de que tendemos a repetir cenas traumáticas abre uma nova perspectiva na questão, aproximando o trauma da pulsão de morte. Aqui, a repetição passa a ser lida como *compulsão* à repetição, chave de entendimento do sofrimento que insiste na clínica psicanalítica. O paciente que se queixa do sintoma como lhe sendo alheio passa a ser reconhecido como sujeito que perpetua, pela compulsão à repetição, aquilo do qual se queixa.

Não se trata de se resignar diante do que insiste, pois, ao mesmo tempo que a pulsão de morte nos empurra para a repetição, ela nunca consegue seu intento, uma vez que a experiência que tenta repetir está para sempre perdida. De fato, Lacan diz que o objeto da primeira satisfação só existe enquanto perdido, inalcançável. Daí, cada tentativa de promover a repetição redunda em fracasso, porque algo novo advém da tentativa de emular o velho. O novo que resulta do "de novo" tem um potencial de criação que não pode ser ignorado, criando o paradoxo da pulsão de morte. Capaz de antecipar o fim inevitável e, ao mesmo tempo, condição para que a vida se renove.

O senso comum se apoderou desse conceito psicanalítico de forma diferente do proposto por Freud e seguidores, reduzindo-o a sua vertente violenta.[6] De fato, Lacan considera a pulsão de morte "a" pulsão a que as demais pulsões (de conservação, de vida) estariam subsumidas.[7] O caráter destrutivo da pulsão de morte também está ligado ao ato criativo.[8] A insistência em repetir cenas traumáticas visa elaborá-las para que o nome possa advir. A partir da pura repetição, busca-se recordar o que na vivência precipitou o traumático para poder seguir em frente com uma nova elaboração da experiência.[9]

A ideia de trauma em Lacan também nos permite pensar numa dupla vertente entre o que é contingencialmente traumático em nossa vida (guerras, abusos, perdas e violências) e aquilo que é intrinsecamente traumático ao humano. Nesse ponto sua proposta é radical, pois considera que a entrada na linguagem, primórdios da relação do nascituro com quem cuida, é, em si mesma, traumática. A entrada na linguagem nos remete ao desamparo inicial causado pelo outro, enquanto transmissor do código, que nos divide.

Para Lacan, o traumatismo original pode ser grafado por *troumatisme*, num jogo de palavras que evoca a palavra francesa *trou*, que significa furo. Sofreríamos todos da nossa condição original: nascidos como mamíferos entre outros, teríamos que ascender à linguagem imposta de fora, aceitando que um significante nos represente para o outro, ou seja, do furo se faz o significante a partir do qual seremos reconhecidos e nos reconheceremos. Isso seria a base do traumático para Lacan: estarmos condenados a existir a partir da linguagem, perdendo a vivência na qual se inserem os demais mamíferos. Em função disso, ele afirmará que *ex-sistimos*, ou seja, somos divididos — consciente/inconsciente — e experimentamos nossa existência sempre mediada pela linguagem.

O corpo é sempre mais do que o Simbólico e o Imaginário são capazes de nomear, cujo desejo é tanto mais intenso e incontrolável do que gostaríamos de supor. Daí apelarmos mais uma vez à poesia, na tentativa de falar do que "não cessa de não se inscrever".[10] Para isso, usamos de empréstimo a música de Chico Buarque. Não esqueçamos da clássica interpretação na voz de Milton Nascimento, que, ao cantá-la, nos remete aos desfiladeiros insinuados pela letra de "O que será (À flor da pele)":

O que será que me dá
Que me bole por dentro, será que me dá
Que brota à flor da pele, será que me dá
E que me sobe às faces e me faz corar
E que me salta aos olhos a me atraiçoar
E que me aperta o peito e me faz confessar
O que não tem mais jeito de dissimular
E que nem é direito ninguém recusar
E que me faz mendigo, me faz suplicar
O que não tem medida, nem nunca terá
O que não tem remédio, nem nunca terá
O que não tem receita

O que será que será
Que dá dentro da gente e que não devia
Que desacata a gente, que é revelia
Que é feito uma aguardente que não sacia
Que é feito estar doente de uma folia
Que nem dez mandamentos vão conciliar
Nem todos os unguentos vão aliviar
Nem todos os quebrantos, toda alquimia
E nem todos os santos, será que será
O que não tem descanso, nem nunca terá
O que não tem cansaço, nem nunca terá
O que não tem limite

O que será que me dá
Que me queima por dentro, será que me dá
Que me perturba o sono, será que me dá
Que todos os tremores me vêm agitar
Que todos os ardores me vêm atiçar
Que todos os suores me vêm encharcar
Que todos os meus nervos estão a rogar
Que todos os meus órgãos estão a clamar
E uma aflição medonha me faz implorar
O que não tem vergonha, nem nunca terá
O que não tem governo, nem nunca terá
O que não tem juízo.

Se pensamos na experiência perinatal, cuja marca principal é a intensidade e o encontro com os limites do corpo, seja pela dor, seja pela falta de controle sobre o processo fisiológico, vemos que se trata do palco privilegiado para o traumático.

O trauma nesse caso, então, seria estrutural, como excesso do vivido que o simbólico não é capaz de nomear, mas também contingencial — como no caso da violência obstétrica e outras intercorrências —, que incrementa intensidades, produzindo sofrimento.

Freud também nos demonstrou que rememorar fatos traumáticos tem o potencial de evitar a repetição dos sintomas. Em "Recordar, repetir e elaborar",[11] ele indicou como a recordação é o meio através do qual se elabora em análise, evitando que o conteúdo recalcado retorne como sintoma e escape do ciclo de repetição. Ao escutar profissionais e acompanhantes de parto que agem de forma desafetada, negligente ou francamente violenta, encontramos muitos relatos de violências sofridas por esses mesmos profissionais que depois impingem sofrimento à parturiente. São relatos nunca acolhidos, de quem, por não ter elaborado a situação traumática ligada ao parto, repete a cena de violência, agora no lugar de algoz. Trata-se de um ciclo de repetições que perpetua sofrimentos que não encontraram espaço para recordação, escuta e elaboração. Muitas vezes, são profissionais que pariram em condições desassistidas e sofridas, e que são continuamente impactadas pela experiência de lidar com corpos vulnerabilizados pelo processo de parir, nas situações desumanizantes comuns em instituições de saúde. Mas também se trata de relações de violência dirigidas ao corpo da mulher e tão conhecidas em nossa sociedade que encontram na licenciosidade do hospital e do parto o álibi perfeito para serem exercidas.

A violência obstétrica é um tema complexo, que deve ser abordado por vários ângulos, justamente por conjugar repetição traumática, racismo, misoginia, medicalização e a política de controle dos corpos. A expressão "violência obstétrica" foi usada pela primeira vez pelo médico Rogelio Pérez D'Gregório, presidente da Sociedade de Obstetrícia e Ginecologia da Venezuela, e se baseia na crítica ao modelo de assistência ao parto hegemônico — e não apenas na crítica a ações violentas episódicas — e na defesa dos direitos reprodutivos femininos.* No parto reencontramos as questões prementes da forma como diferentes corpos são tratados, a depender de raça, classe social, orientação sexual e gênero. Ainda que a violência obstétrica seja disseminada em função da misoginia, as mulheres negras são tratadas de forma pior do que as demais. O célebre artigo "A cor da dor: Iniquidades raciais na atenção pré-natal e ao parto no Brasil"[12] — resultado do estudo "Nascer no Brasil: pesquisa nacional sobre parto e nascimento",[13] sobre as condições de nascimento em nosso país — evidencia a interferência da raça/cor de pele no tipo de tratamento recebido por puérperas:

> Em comparação às brancas, puérperas de cor preta possuíram maior risco de terem um pré-natal inadequado […], falta de vinculação à maternidade […], ausência de acompanhante […], peregrinação para o parto […] e menos anestesia local para episiotomia […]. Puérperas de cor parda também tiveram maior risco de te-

---

* "Pode-se conceituar a violência obstétrica como sendo aquela que é cometida contra mulher grávida em serviços de saúde durante a assistência ao pré-natal, parto e pós-parto, cesárea e abortamento. Pode ser verbal, física, psicológica ou mesmo sexual e se expressa de diversas maneiras, às vezes explícitas outras veladas. Assim como outras formas de violência contra a mulher, a violência obstétrica é fortemente permeada por preconceitos de gênero". D. C. Vasconcelos e F. F. Formiga, "Rompendo o silêncio sobre violência obstétrica a partir do caso Alyne Pimentel".

rem um pré-natal inadequado [...] e ausência de acompanhante [...] quando comparadas às brancas. Foram identificadas disparidades raciais no processo de atenção à gestação e ao parto evidenciando um gradiente de pior para melhor cuidado entre mulheres pretas, pardas e brancas.[14]

A mesma lógica que revela como o status racial de gestantes e parturientes interfere na qualidade do tratamento recebido nos dá uma indicação de como classe social, orientação social e transgeneridade podem oferecer risco para a qualidade de atendimento. Como dissemos, a mãe padrão-ouro cobra seu quinhão na forma de inúmeras violências, e a reprodução de corpos não é para todos. Por definição, o acontecimento traumático contingencial seria passível de ser evitado, mas, quando se trata de discursos misóginos e racistas hegemônicos, é a própria estrutura que se impõe como violenta. Faz parte dessa estrutura o não reconhecimento da violência, deslegitimando a experiência da vítima. Quando ela consegue reconhecer a violência sofrida e formulá-la para o outro, isso é facilmente tratado como vitimização.

O resíduo inconciliável da vivência do parto, mesmo fora da experiência de violência contingencial, impele o psiquismo a trabalhar, tentando elaborá-lo. Em alguma medida, nossas vivências são sempre maiores que nossa capacidade de processá-las pela linguagem, e algo insiste em não se fazer simbolizável. Isso é bem reconhecível na forma como o relato do parto retorna ao longo da vida, em momentos cruciais da relação com filhos e netos. Retorna na sala de parto na fala de acompanhantes e da equipe — que costumam, quando oferecida a devida escuta, relatar as próprias experiências de ter parido.¹⁵ A importância de marcar essa diferença se dá pelo fato de o discurso contemporâneo fazer crer que haveria experiências dessa magnitude que não deixariam resíduos, bastando para isso que o sujeito se prepare para elas. Planejamento, controle e garantias são as grandes ilusões da atualidade e são vendidas a pais e mães como soluções para os acontecimentos da vida humana.

A experiência perinatal preenche, atravessa, invade, completa, aterroriza, embevece o sujeito que por ela passa. Ideias de ser ocupado/a por um *alien* convivem com a sensação de ser tocado/a pelo sagrado e por outras formas de tentar nomear algo que não tem significado em si. Tentamos simbolizar aquilo que para a consciência humana é intangível. Nesse sentido, o caráter eminentemente traumático exige um trabalho de recobrimento simbólico da perinatalidade.

O trabalho psíquico a ser realizado na perinatalidade não encontra paralelo com a experiência de pais e mães que não pariram. Teríamos então *outra volta psíquica* na chegada de um recém-nascido. Com isso quero dizer que gestantes e parturientes partem de pontos diferentes para vir a reconhecer um bebê quando comparados com as demais pessoas que se relacionam com o nascituro.

O parto não é um fato psíquico, pois se trata de um acontecimento fisiológico que pode acontecer mesmo durante o coma da parturiente ou sob anestesia geral. Se, no entanto, a parturiente está consciente, como em geral ocorre, o parto se torna uma experiência a ser elaborada pelo psiquismo — uma exigência de trabalho psíquico. O parto marca um antes e um depois, ponto sem retorno, a partir do qual o sujeito não será o mesmo, visto que a experiência corporal inevitavelmente o atravessa.

Do lado do bebê, a irrupção de seu corpo marca o ponto zero a partir do qual poderá ou não advir um sujeito. Seu nascimento afeta as relações familiares mais próximas e também a sociedade como um todo, repercutindo para muito além do âmbito subjetivo e privado. É o próprio tecido social que se regenera a partir de cada nascimento que desemboca num sujeito, e isso implica todos nós.

Para cobrir o encontro com o Real, fazemos uso do arcabouço da nossa fantasia inconsciente, que funciona como enquadramento a partir do qual somos capazes de vislumbrar o mundo. Nossa relação com o corpo deve ser intermediada pela fantasia que nos constitui, espécie de moldura da vivência, que nos impede de ter uma experiência abismal de horror. Freud entende que a fantasia, diferentemente do devaneio que serve para nos dar prazer e ao qual temos acesso de forma consciente, faz parte da estrutura mesma do psiquismo. Ela se estabelece na relação da força pulsional que nos impele a buscar satisfação ininterrupta com os limites da realidade externa que interdita nossa satisfação. A negociação entre a força imperiosa da pulsão exigindo ser satisfeita e a dura realidade encontra na fantasia inconsciente uma possibilidade de satisfação parcial, mas que nos permite seguir em frente. A fantasia, criada na interação com o desejo dos/as cuidadores/as primordiais, fixa certo enquadramento singular para cada um de nós, a partir do qual se fixará nosso desejo. Embora possa se expressar de diferentes formas e objetos, o desejo sempre está ligado a uma fantasia fundamental que nos permite lidar com os excessos da pulsão.

O parto, por reduzir o corpo à condição anátomo-fisiológica, nos aproxima perigosamente dos limites da construção da autoimagem que serve como aparato para recobri-lo e da fantasia que serve para conter a pulsão, dando-lhe novos destinos de satisfação. No parto, o organismo toma a frente e o aparelho psíquico se desdobra para dar conta das intensidades.

Como o que chamamos de Eu se funda na construção dessa autoimagem, o parto testa os limites do próprio Eu e da contenção pulsional. Sensação de desfalecimento, de despedaçamento e de morte iminente são comuns na cena de parto.

A situação de parto é paradigmática da tentativa de sustentar o enquadramento fantasmático do corpo que nos dá a ilusão de coesão. Experiências com substâncias psicodélicas ou de violência também têm a capacidade de borrar os limites de si mesmo. Como o Real e a realidade não se confundem, diríamos que a proximidade do Real sem as ferramentas do Simbólico e do Imaginário é o que mais se assemelha com a sensação de irrealidade. Dito de outra forma, as ferramentas psíquicas para lidarmos com o Real, no sentido que Lacan formula, são os registros simbólico e imaginário, que buscam dar contorno ao vivo pelo meio, através da imagem e dos significantes. Situações como parto, eminência da morte e extrema intensidade nos deixam perigosamente expostos aos efeitos do Real, nos obrigando a grande trabalho psíquico.

Os rituais religiosos tentam cumprir a função de proteção da integridade psíquica diante do imponderável. Na atualidade, esses rituais são somados aos protocolos médicos, que se tornam quase sagrados. No contexto do parto, a dificuldade de lidar com o incontrolável do corpo leva ao uso de procedimentos sabidamente anacrônicos, como algumas práticas médicas nas quais se insiste apesar de não responderem às evidências científicas.[16] Respondem, no entanto, às fantasias que o parto mobiliza na equipe e em todos nós. Assim, a posição de litotomia — na qual a parturiente fica com os pés em estribos, apontando o canal vaginal na direção oposta à força gravitacional —, a raspagem de pelos pubianos ou a lavagem intestinal são algumas das práticas condenadas pela Organização Mundial da Saúde (OMS) que persistem, justificadas por outras razões que não a lógica médica. Manter a parturiente imobilizada e passiva, eliminar pelos e fezes para "limpar" a vagina dizem respeito a outra ordem de preocupação, que chamo de "impensável caráter erótico do parto". Nossa dificuldade, como sociedade, de conciliar nascimento e sexualidade é um tema fundamental quando se pensa a parturição.

O bebê esperado e fantasiado, herdeiro de uma trama simbólica — um nome, uma linhagem —, não é o mesmo que comparece no parto. Genitores que passam pelo parto verão sair de seu corpo um outro corpo, desconhecido até então, fato que implica o que tenho chamado de "uma outra volta" na elaboração perinatal. Reconhecer que essa parte que se pariu é um outro corpo — e não um órgão extraído — e que se trata de um outro sujeito potencial — e não uma extensão narcísica — implica ter um trabalho outro na relação com o recém-nascido. São duas operações com as quais a/o parturiente terá que se haver: trata-se de um bebê, e esse bebê não é si mesmo, ou seja, é um estranho. Ao contrário do que se imagina, é mais fácil um desconhecido reconhecer que se trata de um bebê do que a pessoa que acabou de pari-lo, como demonstrei em minha tese de doutorado.[17] Isso acontece justamente porque a gestação e o parto afetam a corporeidade, e o nascituro está parcialmente incluído nela. Ou seja, estranhar o bebê, nesse caso, é estranhar a si mesmo.

É necessário elaborar a separação entre o que nomeamos como nós mesmos e o que se depreende de nós como bebê. Os outros parentes e cuidadores/as do recém-nascido não estão, digamos, tão confundidos com ele como a/o parturiente. No entanto, é importante lembrar que não há uma experiência genérica aqui. Não existe "a/o" gestante ou "a/o" parturiente, o que significa dizer que, embora seja possível descrever os eventos a que estão sujeitos, as respostas e os efeitos desses eventos são singulares.

A chegada do rebento não é a chegada de um bebê, assim como gestar e parir não faz de alguém pai ou mãe. Como nos interditos da vida e em outras situações, o fruto da concepção deverá ser nomeado pela cultura e pelas pessoas que se relacionam diretamente com ele. O nome que daremos ao que nasce — filho, estorvo, dejeto — definirá seu status, suas chances de sobrevivência, sua entrada no mundo humano e quem serão os responsáveis por ele. Qualquer que seja a resposta ao nascituro, ela demandará uma elaboração psíquica própria de quem o gestou e o pariu.

Que o bebê caia nas graças do responsável pelo seu nascimento é fato contingencial que nos remete ao maior dos desamparos: não ser recebido na ordem humana. O limbo que se estabelece entre o "nascimento biológico" e o "nascimento cultural" introduz uma questão ética. A falta de coesão sobre o estatuto do embrião/feto/recém-nascido em uma sociedade como a nossa cria inconsistências discursivas que tornam mais complexa e instável a possibilidade de simbolizar a chegada do bebê.[18] O que até poucas décadas atrás era considerado um feto inviável e, portanto, fadado ao aborto, com as novas tecnologias médicas passa a ser visto como um bebê prematuro ou muito prematuro. A perda gestacional que há algumas décadas era vivida com resignação dá lugar à luta obstinada pela sobrevivência de um feto de menos de quinhentos gramas. Isso significa que se modificaram tanto o olhar para o que é um embrião, um feto ou um bebê formado como a nomeação dessas categorias. Isso aumentou a situação paradoxal de se pensar a legalidade do próprio aborto eletivo, uma vez que cada vez mais o feto abortado se revela um bebê viável sob os cuidados da tecnologia. Seria temerário, portanto, imaginar que haveria uma verdade última sobre o status do feto ou do nascituro sem levar em conta os discursos que nomeiam esse status. É o que discutimos ao citar o protocolo de Groningen e os *interditos da vida*,[19] exemplos de como diferentes sociedades interpretam o status do bebê, conforme crenças e tramas simbólicas. Nunca haverá uma resposta inequívoca do lado do nascituro; portanto, cabe fazer a pergunta do lado do/a genitor/a: qual o lugar social de sujeitos que gestam e parem? Vemos que os direitos reprodutivos caminham pari passu com essa resposta.

Ao pensar no parto, imediatamente nos vem a questão da dor. Ela é um tema central, que assombra gestantes desde que o mundo existe. Embora o uso da anestesia seja disseminado há décadas, a dor ainda é um dos maiores medos ligados à parturição. Cada sociedade lidará com a dor de forma própria, e alguns terão rituais em que esse enfrentamento é condição de reconhecimento social. A depender do contexto, suportar dor pode ser considerado prova de coragem, realização de um efeito ou pura humilhação. Os significados sociais e subjetivos modificam completamente nossa percepção dos estímulos de dor e prazer.

O enfrentamento da dor como forma de reconhecimento social é usual em muitos povos. Cito, por exemplo, um rito de passagem da etnia Sateré-Mawé[20] que marca o fim da meninice e a assunção à posição de guerreiro. Nele, os jovens devem manter a mão dentro de uma luva meticulosamente posicionada de forma que o ferrão da formiga tucandeira (oito vezes maior que a saúva) o fira durante pelo menos dez minutos. Febre, dor lancinante, inchaço e alucinações em função da neurotoxina contida no veneno do inseto são algumas das sensações pelas quais esses jovens passam, num ritual que leva em torno de onze horas. Para se tornar um guerreiro, cada jovem deve repetir essa provação vinte vezes. A dor e o medo são palpáveis, mas o significado atribuído ao ritual o torna desejável, por seu incontestável valor de reconhecimento social.

Dores e prazeres têm significados, não são apenas reações fisiológicas; portanto, são experimentadas de formas diferentes. Na nossa cultura, tudo é feito para controlar e evitar desconfortos físicos, de forma que sentir uma dor que poderia ser evitada acaba sendo sinal de falta de recursos econômicos ou descaso social. Em nossa sociedade, anestesia e analgesia fazem parte da rotina — com centenas de analgésicos à mão —, e a dor só costuma ter valor nos desafios esportivos ou atos heroicos. Fora dessas circunstâncias, ela é associada a humilhação e a vulnerabilidade social. Numa sociedade na qual a ordem é anestesiar a dor, física e psiquicamente, o parto acabou por se tornar o único lugar em que a dor comparece de forma corriqueira.

A/O parturiente se vê totalmente tomada/o pelo esforço físico, pela ansiedade, pela dor, buscando concentrar-se em sua imensa tarefa — salvo quando marca a cirurgia eletiva, justamente para evitar o desconforto, escolha comum em nosso país, onde a analgesia de parto vaginal prevista em lei não chega aos hospitais públicos.

A situação de parto contemporâneo, ultramedicalizado, costuma ter quatro personagens: a/o parturiente, a equipe médica, a/o acompanhante e o bebê. A realidade hospitalar é tecnocrata e pouco afeita a lidar com a subjetividade de seus pacientes e profissionais, fato que vem sendo revelado pelas violências a que ambos estão submetidos. O "discurso médico", termo proposto pelo psicanalista Jean Clavreul,[21] se fundamenta no uso da tecnologia como anteparo da angústia diante do corpo, da sexualidade e do imponderável. Clavreul demonstra como as relações "médico-paciente" se tornaram relações "instituições médicas-doença", retirando da equação a subjetividade de ambos. Mas como não existe sujeito sem subjetividade, o que não encontra espaço de reconhecimento e elaboração retorna na forma de sintomas e adoecimento psíquico. No caso do parto, um dos retornos desse recalcamento é violência obstétrica. Negar que a relação entre o corpo e a subjetividade é inextricável é uma das maiores fontes de sofrimento da nossa sociedade. O adoecimento de médicos e enfermeiros é uma demonstração de que não se trata só de submeter o paciente a tratamentos por vezes desumanos, mas que todos os envolvidos na saúde padecem do mesmo discurso dessubjetivante.

A equipe profissional se ampara na tecnologia criando e vendendo expectativas irrealistas sobre o que a medicina é capaz de garantir. Além disso, pensar o corpo como uma máquina a ser consertada, ignorando a subjetividade, o inconsciente e o erotismo é uma atitude fadada ao fracasso, como Freud já provou no trato com a histeria. A cena de parto é paradigmática desse fracasso, pois é um evento fisiológico tratado como patológico com a finalidade de permitir o máximo de controle sobre o corpo dos envolvidos.[22] O parto cirúrgico — no qual se inverte o protagonismo da cena com a expressão "o médico faz o parto" — e a ideia de que a medicina o controla e garante também estão a serviço da negação de que se trata de um evento protagonizado pela/o parturiente no qual a corporeidade comparece.

Há uma distância entre a perspectiva da/o parturiente e da equipe profissional. Muitos são os casos de pediatras neonatais e obstetras que, ao passar pela parturição, se queixam da perda de isenção almejada no trato com parturientes, puérperas/os e bebês. Ao escutar, em análise, pediatras neonatais que tiveram filhos, percebemos o potencial impacto da experiência perinatal sobre a forma como recebem o bebê em sala de parto, por exemplo. A sensibilidade aumentada pode assustar a ponto de não quererem mais trabalhar na área, pois não sabem mais como retornar à cena com o olhar tecnocrata de antes. Outros profissionais terão na perinatalidade um ponto de virada de suas práticas: passam a questioná-las, rompendo com os protocolos burocratizados no trato com parturiente e recém-nascido. Não raro passam a ter sintomas que obrigam a considerar a subjetividade negada.

Retomemos a questão sobre a experiência da gravidez e do parto, se ela deixaria a genitora/o genitor em posição de vantagem em relação a pais e mães que não passaram por ela. Quando comparados com quem gestou e pariu, aqueles que assumem os cuidados (pai e mãe que não pariram, outros familiares e cuidadores/as) são considerados arremedos, havendo um discurso com hierarquia clara, cujo padrão-ouro descrevemos antes.

A perinatalidade estabelece uma proximidade real entre o nascituro e a/o parturiente, um compartilhamento único do organismo e do corpo erógeno que exige outra volta psíquica, diferente daquela de quem recebe um bebê nascido de outrem. Recobrir o embrião/feto — massa orgânica que é expulsa de si — com a imagem de semelhante é necessário para admitir o recém-nascido na ordem humana. Esse recobrimento se dá pelo reconhecimento de que não se trata de órgão expelido do próprio corpo ou amontoado de células. Não se parte do mesmo lugar quando se trata da experiência perinatal devido à *confusão de corpos* colocada de saída. Nem melhor, nem pior, nem mais, nem menos, a perinatalidade expõe a vivências diferentes e requer que se esteja atento aos diferentes desafios envolvidos.

O atendimento clínico a quem passa pela perinatalidade e está no processo de construção da parentalidade revela diferenças entre quem pariu e quem não pariu seus filhos, ainda que essas diferenças não impliquem necessariamente vantagens. A/O puérpera/o precisa se separar de algo que sai de seu corpo e reconhecê-lo como outro e não parte de seus órgãos — não é si mesma/o e ainda é um outro diferente daquele sonhado, um estranho. Os demais deverão fazer o caminho inverso: se aproximarem de alguém que, embora sonhado antes, já emerge como estranho do corpo de outro. Para ambos, o bebê real é antecedido por um sonho, mas surge de experiências bem distintas. A/O parturiente terá um acesso a mais à reprodução de um corpo, à "carne", ligada ao Real — usando a expressão de Dunker —,[23] antes de seu recobrimento imaginário, e deixando um excesso a ser elaborado depois do parto.

O discurso maternalista se enreda na experiência perinatal dando consistência imaginária, com base na biologia, ao que é da ordem simbólica, confundindo ainda mais o processo elaborativo de genitores/as. As suposições a priori do que deveriam sentir e saber, deduzidas de uma pretensa naturalidade da experiência perinatal, impedem que possam admitir, formular ou compartilhar suas questões, impedindo a elaboração do ocorrido. Além disso, a associação direta entre mulher e mãe — na qual o segundo termo chancela o primeiro — entra na equação, ameaçando as mulheres não identificadas com a genitoridade ou com a maternidade de não serem mulheres de verdade. Daí também a importância de olharmos para o gênero masculino na experiência de gestar e parir.

Bebê não nascido de mãe, ou Quando o pai dá à luz

FREDDY MCCONNELL É um homem transgênero inglês que tem sua identidade de gênero social legalmente reconhecida. Ele manteve útero e ovários e decidiu ter um filho por meio de inseminação artificial.[1] A questão se mostrou paradoxal quando McConnell tentou registrar seu bebê recém-nascido e descobriu que não há legislação que contemple seu caso, pois o registro exige que ele seja considerado a mãe do bebê, e não seu pai. Se seguirmos a lógica da identidade social de McConnell ele seria o pai, mas, ao fazê-lo, seu filho se tornaria uma criança que, oficialmente, não nasceu de sua mãe.

A situação demonstra que, quando se trata de ciclo perinatal, o gênero ainda se fixa na norma cis-heteronormativa, mesmo onde sua transição é legalmente aceita. A discussão é importante, pois revela o resto ainda não elaborado da questão de gênero no ponto cego entre perinatalidade/parentalidade. Daí a intenção de pensarmos a genitoridade separada de maternidade e de paternidade. Esbarra-se aqui na dificuldade de pensar a *parturição sem mãe* ou uma *origem sem mãe*.

Estão aí os homens transgênero — ou com outras autodenominações de gênero — para mostrar que gravidez e gênero são âmbitos diferentes. A disjunção entre sexo atribuído ao nascer, gênero, genitoridade e denominação parental traz consequências insuspeitas para pensarmos a parentalidade fora dos registros cis-heteronormativos, mas também dentro deles. Maternidades e outras instituições que trabalham com pais, mães e bebês têm buscado se preparar para atender homens que chegam para parir,[2] ou parturientes acompanhadas/os de homens ou mulheres transgênero que são pais/mães do bebê.

As lutas feministas e LGBTQIAPN+ impõem desafios para as normas sexuais que estão vigentes desde a colonização[3] e recebem como resposta violências e sanções. É só a partir do século XXI que a norma cisgênero passou a ser juridicamente contestada, dando voz a sujeitos que até então tinham que levar uma vida dupla, escondendo a identidade. Com isso, ao falar da partilha reprodutiva, passamos a nos referir à gravidez de pessoas nascidas com útero sem que possamos dizer a priori o gênero delas.

A legalização da transição de gênero não impede que travestis, transgênero e homossexuais (e todo o espectro LGBTQIAPN+) enfrentem oposições políticas permanentes e atos de violência, e que sejam assassinados por não seguirem a norma instituída na sociedade, que impera muito além da lei.[4] Além disso, mesmo nos países onde se pode escolher o nome social com base em seu entendimento de gênero, quando se trata da questão do parto identificamos situações insólitas e reveladoras de um resíduo não assimilado. Nesses casos, constatamos que pensar a origem fora da lógica cis-heteronormativa tem se mostrado um obstáculo peculiar nos avanços dos costumes.

Algo se mostra revelador também do que entendemos por funções constituintes de subjetividade, ou seja, do que imaginamos ser necessário para humanizar o filhote da nossa espécie. O caso de Freddy McConnell é exemplar do cruzamento problemático entre perinatalidade, parentalidade e atribuição de gênero na atualidade.

É compreensível que aquilo mesmo que foi usado como baliza do gênero e marcador da diferença entre homens e mulheres, a saber, o lugar de onde saem novos corpos, ressurja como questão. Para muitas feministas radicais, ainda hoje, a mulher se reconhece como tal por ser portadora de um útero e ter a capacidade de parir. Ao perder essa prerrogativa útero-reprodutiva para homens transgênero que mesmo tendo útero não se reconhecem como mulheres, temem não saber mais o que as definiria. Esse tem sido um campo de batalha dentro do movimento feminista, no qual se discute o que é uma mulher.

No caso de McConnell, há um intervalo no qual ele deixa de ser reconhecido como homem transgênero: esse momento corresponde à declaração de genitoridade. O problema pode soar simples, pois bastaria distinguirmos os genitores (quem pariu, quem não) das nomeações pai/mãe/responsáveis. Mas a dificuldade, obviamente, não se encontra aí; ela diz respeito à forte carga simbólica e imaginária que recai sobre os significantes mulher e mãe atrelados à experiência de gestar/parir, até então associada unicamente a elas.

Não é fácil tentar definir "mãe", como aponta a psicanalista Colette Soler,* pois à genitora é imputada a função reprodu-

---

* Nas palavras da autora: "Como genitora [a mãe] não é um semblante, ao passo que a disjunção entre a função reprodutora, real, e a função de semblante, simbólica, encontra-se exatamente invertida do lado do pai, o qual, como Nome, é um semblante, mas não um genitor" (C. Soler, "A marca materna", p. 87).

tiva dos corpos, enquanto o homem estaria na função simbólica, uma vez que o filho é nomeado pelo pai como tal a partir de um ato simbólico. Formulação tão cara à psicanálise que se vê confrontada com as experiências de redesignação de sexo/gênero.

Reprodução de sujeitos

Parentalidade

EM *Família, parentalidade e época*,[1] a psicanalista Daniela Teperman denuncia o caráter normativo e patologizante do discurso que fomenta a parentalidade em nosso tempo, alertando para os riscos de a psicanálise reproduzi-lo. Daí a importância de reconhecer que não existe um modelo a-histórico e ideal de exercício do que se convencionou chamar parentalidade.

O termo "parentalidade" teria sido usado pela primeira vez no contexto psicanalítico por Therese Benedek,[2] visando descrever uma fase do desenvolvimento psíquico ligada ao tornar-se mãe/pai. Trata-se de fins dos anos 1950, momento no qual a centralidade compulsória da maternidade na vida da mulher é hegemônica. Na França, em 1961, o psicanalista Paul-Claude Racamier, ao pesquisar a psicose puerperal, introduziu os termos "maternalidade", "paternalidade" e "parentalidade". Maternalidade diria respeito aos processos psicoafetivos da mulher quando se torna mãe; paternalidade e parentalidade não foram especificadas pelo autor.[3] Segundo Teperman, "o neologismo 'parentalidade', agrupando os papéis e as funções parentais, surgiu na França na década de 80", mas sua intensificação se deu nos anos 1990.[4]

O termo se popularizou, ganhou novos aportes e foi impulsionado pelo discurso neoliberal, no qual se tornou uma obsessão o papel dos pais na busca por melhores resultados na educação dos filhos. O neoliberalismo forja uma nova subjetividade, na qual as relações sociais se organizam em torno de relações de mercado. O não cumprimento das expectativas é entendido como acontecimento privado, sem levar em conta as condições sociais, tendo a meritocracia como pressuposto.[5] A ideia de ser "empresário de si mesmo"[6] deixa o sujeito como único responsável por seu desempenho — e, no caso dos pais, pelo desempenho dos filhos. O especialista é aquele que vai ajudá-los a ter melhor performance, e o investimento financeiro nos filhos, por vezes comprometendo todo o orçamento familiar, visa aumentar o capital social e cultural que as famílias almejam alcançar através deles.

O termo "parentalidade" tem uma abrangência conceitual considerável e, por vezes, problemática. Para utilizá-lo temos que reiterar os parâmetros propostos aqui, sem a pretensão de dar conta dos outros usos vigentes. Como dito em outro lugar, definimos a parentalidade como "a produção de discursos e as condições oferecidas pela geração anterior para que uma nova geração se constitua subjetivamente em uma determinada época. Isso implica considerar os sujeitos que se incumbem dessa tarefa [parental]* no plano singular e o campo social que os enlaça".[7]

Tomamos a parentalidade, portanto, como um campo no qual os discursos (sociais, políticos, científicos, religiosos, jurídicos e outros) criam embates, consensos e novas formas de

---

* Os termos "parentalidade" e "tarefa parental" não escapam à crítica de restringirem o cuidado com as novas gerações à esfera da família e de serem referidos às relações de parentesco.

pensar o cuidado com as próximas gerações. Esse é o caldo de cultura que enseja a subjetividade de uma época. Ele apresenta suas mazelas e soluções e produz sofrimentos próprios de seu tempo.[8] Freud nomeou de "mal-estar na cultura"[9] o sofrimento com o qual todos pagamos o preço da civilização. Renunciar a parte de nossos impulsos, principalmente agressivos, é condição para o convívio social e barreira à barbárie. O mal-estar, por ser produzido a partir de certo arranjo social, se apresenta com diferentes roupagens conforme as circunstâncias e o período no qual se inscreve. Cada um de nós se constituiu a partir de uma resposta singular, única, ao mal-estar inerente à cultura que se apresenta em nossa época.

Quem cuida, forjado/a ele/a mesmo/a na subjetividade de seu tempo, é responsável por oferecer as condições necessárias para que se constitua a subjetividade no *infans*. A constituição subjetiva se dá na capilaridade das relações corpo a corpo com os/as cuidadores/as principais e não pode ser vivida burocraticamente, sob pena de causar grandes prejuízos psíquicos para a criança.[10] Isso significa que o envolvimento com o bebê deve ser profundo e afetivamente comprometido, o que levará quem cuida a sair tão transformado/a por essa relação quanto a criança. Qualquer ideia de assepsia, garantia e controle, quando aplicada às relações humanas, revela resistência em reconhecer sua natureza última. Sujeitos se afetam mutuamente de formas imprevisíveis, e sem essa qualidade intrínseca às relações nem sequer poderíamos chamá-las de humanas.

Os responsáveis pela introdução do *infans* no simbólico transmitem as soluções e os adoecimentos próprios da cultura de seu tempo. Também transmitem as soluções e os adoecimentos próprios da linhagem transgeracional da qual são herdeiros e suas próprias fantasias inconscientes. Essa não é uma situação que deveríamos pretender evitar, pois nossa humanidade passa, necessariamente, pela transmissão do inconsciente de quem cuida. De forma que qualquer pretensão de uma educação livre dos ruídos transgeracionais inconscientes é mera fantasia de parentalidade neoliberal que ignora do que somos feitos.

Não temos controle sobre a transmissão dos conteúdos que chegam ao *infans*. No máximo, podemos almejar nos conscientizarmos do que for mais disruptivo e sintomático em nós. Assim, por exemplo, a morte de um irmão mais velho durante o sono, que se tornou segredo de família, pode irromper na forma de um sintoma de insônia, a partir do qual a criança denuncia, sem saber, a angústia que paira em volta sem ser nomeada. Ao escutar o sentido oculto no sintoma podemos fazer com que a história volte a circular e a ser enfrentada com recursos simbólicos para lidar com o sofrimento, e não com o adoecimento. Mas não existe nenhuma perspectiva de que o inconsciente pare de operar e de causar, salvo se almejarmos criar autômatos. Tampouco de que o sofrimento seja erradicado, sob pena de não sentirmos mais nada.

Além da transmissão de conteúdos da história familiar e das fantasias inconscientes, as condições materiais fazem parte da equação e são reveladoras do lugar da família na pirâmide social. Toda a carga de discriminação ou privilégio será herdada pelo recém-nascido, tanto pela condição material como pela condição simbólica herdada ao nascer. O status familiar terá efeitos indeléveis no psiquismo infantil, revelando identificações e soluções próprias para cada sujeito. Como aponta a psicanalista Miriam Debieux Rosa,[11] o estigma a que estão submetidas as crianças dos extratos mais pobres e racializados da população marca um lugar subjetivo e o sofrimento subjacente.[12] Fome, falta de moradia, de acesso à saúde e à educação extenuam famílias que em outras circunstâncias poderiam proteger as crianças sob sua responsabilidade. A perda da guarda de pais e mães pobres reflete muito mais o abandono social e moral perpetrado pelo Estado do que limitações intrínsecas desses/as cuidadores/as.[13] O desamparo a que estão submetidos por um Estado negligente e omisso se replica na perda do direito parental, provando que o direito à descendência é artigo de luxo na sociedade capitalista.

Além da constituição subjetiva, quem cuida é responsável pela articulação, cada vez mais complexa, entre a criança e a sociedade. Espécie de dobradiça, ele/ela deve prover a criança material, moral e afetivamente até que ela esteja apta a fazê-lo. A inserção social da criança como cidadã é diretamente afetada pela própria inserção dos responsáveis na sociedade. O jogo de cartas marcadas do xadrez social dita o leque de possibilidades de quem cuida, pobre ou abastado/a, inserir sua prole para além do que ele/ela mesmo/a foi capaz de alcançar.

O discurso social determina quem pode cuidar, como esse cuidado deve ser realizado e as condições materiais em que o fará. O objetivo dos direitos defendidos pela Constituição brasileira de 1988 — à moradia, ao sistema público de saúde, à educação e ao alimento — era diminuir as diferenças nas condições sociais. Suas metas, no entanto, não estão garantidas pelas boas intenções de quem assina a Carta constitucional — marco histórico na defesa do cidadão comum —, pois entre os obstáculos para sua implementação está a própria lógica capitalista, que se organiza explorando o exército de excluídos que cria.

Devemos, ainda assim, lutar pelo direito à descendência refletindo sobre nossa responsabilidade coletiva com as próximas gerações. Responsabilidade que na prática se limita às famílias, em sua maioria chefiadas por mulheres — e, desse montante, grande parte sozinhas.

O discurso maternalista, que faz com que o exercício da parentalidade sempre penda para o lado das mães, se municia de algumas falácias, entre elas a confusão entre papéis e funções. Papéis são convenções que se organizam a partir da classe social, do parentesco, do gênero e da raça. Que a mulher cuide do bebê enquanto o homem assume a provisão financeira é um arranjo, entre outros, que diz respeito ao papel. Acordos de quem busca na escola, cuida da alimentação ou falta no trabalho quando a criança fica doente são convenções sociais marcadas pelo gênero. Papéis mudam ao sabor da época, da localidade e da cultura familiar. Que a mulher negra deixe seus filhos sozinhos para cuidar dos filhos das famílias brancas abastadas é um arranjo que diz respeito a uma sociedade de classes racista.

Embora os papéis tenham se modificado drasticamente ao longo das últimas décadas, fica claro que persiste de forma gritante o núcleo duro da desigualdade de gênero no cuidado com as crianças. Não apenas porque as mulheres se tornaram provedoras financeiras enquanto permaneciam genitoras e cuidadoras principais, acumulando funções em vez de remanejá-las, mas também porque foram induzidas a crer que a entrada de outros/as cuidadores/as responsáveis traria prejuízo psicológico para as crianças.

Aquilo que passou a ser chamado pelo senso comum de "carga mental materna" explicita que, embora a mulher possa delegar o ato de cuidar, permanece a ideia de que ela é insubstituível e a verdadeira responsável por tudo o que acontece com a prole. Mesmo quando se ausenta, ela é considerada — e, frequentemente, considera a si mesma — como aquela que não está cumprindo inteiramente com suas obrigações. Lembremos que o ideal maternalista é baseado no paradoxo da mulher que se instrui para cuidar da casa, trabalha para ajudar a família, mas não delega a maternidade, inclusive amamentando o tempo que for necessário.

Como dissemos, o discurso *maternalista* fez escola em todas as classes sociais, mas o ideal de família única e do laço de sangue soberano apresenta diferenças importantes entre elas. Segundo trabalho de Claudia Fonseca,[14] a circulação de crianças nas comunidades mais pobres se dá sem que a criança perca as referências anteriores. Assim, uma criança pode somar a mãe que a pariu com a mãe que cuidou dela, e mais a que a amamentou e assim sucessivamente. Ao fim, todas podem gozar de algum prestígio junto à criança e nenhuma será condenada automaticamente por tê-la feito circular. Mas ainda estamos no reino das mulheres, aquelas de quem supostamente uma criança não pode prescindir como cuidadora principal ou única.

Se observarmos a circulação de crianças em famílias abastadas, que são as que ditam leis e legitimam costumes, veremos que a família se fecha no modelo nuclear, no qual "mãe só tem uma". Na circulação em famílias ricas, a prática corriqueira e legalizada é a adoção com apagamento da genitoridade, pois as mães não se somam, elas se substituem. Os filhos fora do casamento são motivo de grande perturbação em função da idealização da família nuclear e da proteção do patrimônio. Como a circulação costuma se dar, majoritariamente, de famílias com menos recursos para famílias com mais recursos financeiros, elas podem se tornar um elo incômodo entre classes, caso as relações permaneçam.

Nas camadas mais abastadas surge a necessidade do "corte limpo",[15] no qual o passado da criança é apagado e o nome dos genitores é proscrito. Essa opção, reiterada por leis que respondem à aspiração da elite, tem também por função manter a divisão social bem marcada. Leis promulgadas supostamente pelo bem da criança podem se revelar, sem a devida crítica, perpetuadoras das mazelas e das patologias sociais, das quais tampouco as crianças escapam.[16]

A falta de acesso às informações sobre as origens, pelo apagamento arbitrário da genitoridade na perda do poder familiar, constrange os genitores, fazendo supor que se trata de abandono, e não de entrega. Tal atitude estigmatiza a história da criança, que passa a ser vista como maculada por uma mancha, sob a qual nada se deve saber, sob o risco — equivocado — de traumatizá-la. Os efeitos psíquicos negativos na criança se dão menos pela circulação entre famílias do que pelo estigma que o segredo fomenta. Fica difícil discutir adoção, guarda e poder familiar sem levar em conta o efeito do discurso maternalista sobre as mentalidades ao naturalizar aquilo que é da ordem da convenção social.

Enaltecer a mãe padrão-ouro deixando demais cuidadores/as em lugar subalterno e idealizar a genitora — não qualquer genitora, como já disse — permitem que aquela que deixou o filho sob cuidado de outros ou que o entregou para adoção seja desqualificada e que suas reivindicações percam toda a validade. A genitora nas classes pobres ainda pode receber reconhecimento por ter dado à luz, por ter dado a vida. Para as classes mais altas, a genitora que entrega para outra pessoa cuidar, não importando as condições em que o faz, é tida como uma mãe decaída, que atenta contra a natureza, portanto, desnaturada, uma aberração incompreensível de quem se deve afastar a criança para salvá-la. Nesses casos, a genitora que se separa de seu filho é tida como louca, triste ou má.[17] Mesmo quando as condições sociais justificam claramente a entrega para adoção, resta a pergunta: como os pobres *se atrevem* a ter filhos os quais, por fim, *abandonam*?

As denúncias de esterilização compulsória da população negra e pobre são inúmeras. Elas não ignoram o aumento da demanda dessa população por esterilização, que também é uma saída cuja radicalidade revela a falta de acesso a meios alternativos de planejamento familiar e também a falta de direitos reprodutivos.[18] Ainda assim, é importante apontar o quanto a busca por um método tão radical reflete a falta de perspectiva em ter filhos diante da adversidade econômica e social e da impossibilidade de acesso a métodos de contracepção seguros e menos invasivos. A violação dos direitos reprodutivos dos mais pobres se dá na dificuldade de oferecer condições tanto para quem não quer ter filhos como para quem quer, e quando. Como afirma Sueli Carneiro em "Mulheres em movimento: Contribuições do feminismo negro":

> A esterilização ocupou lugar privilegiado durante anos na agenda política das mulheres negras que produziram campa-

nhas contra essa prática em função dos altos índices que o fenômeno adquiriu no Brasil, fundamentalmente entre mulheres de baixa renda (a maioria das mulheres que são esterilizadas o fazem porque não encontram no sistema de saúde a oferta e a diversidade dos métodos contraceptivos reversíveis que lhes permitiriam não ter de fazer a opção radical de não poder mais ter filhos).

O reconhecimento da inviolabilidade do corpo de quem gesta e pare, o direito inequívoco de arbitrar sobre o fruto dessa experiência, é uma das batalhas mais recalcitrantes que o movimento feminista enfrenta. A idealização da perinatalidade serve para melhor disfarçar o controle e a violência a que estão submetidos os corpos que gestam e parem em nossa sociedade.* Ao despolitizar a questão deslocando-a para a esfera do biológico ou natural, ao ignorar a trama social e histórica na qual se funda, patologizamos as diferentes maternidades que como seres humanos somos capazes de criar.

Vejamos se as funções constituintes da subjetividade servem de justificativa para o que chamo de padrão-ouro do cuidado com as crianças.

---

* Não há como esquecer o livro *O conto da aia* (1985), de Margaret Atwood, no qual as genitoras (aias) devem compulsoriamente gerar crianças para serem criadas por mulheres de uma casta superior (esposas).

Constituição subjetiva

Quando Cory Silverberg[1] pensou em escrever um livro para crianças sobre a origem dos bebês, tinha a intenção de publicar algo que contemplasse todas as formas possíveis de família, de pais, de mães e meios de concepção. Essa era a crítica que ele fazia às publicações disponíveis à época: a falta de famílias não hegemônicas e de diferentes concepções representadas nos livros até então. O desafio que se propôs a enfrentar o levou a uma concisão surpreendente. Para explicar a mecânica reprodutiva, sem se deixar confundir por gênero, orientação sexual e tipo de inseminação, Silverberg foi direto ao ponto: os bebês surgem do encontro entre esperma e óvulo, do qual decorrem a concepção e a gestação levada a termo que culmina com um bebê. A solução simples e rigorosa permitiu que o autor abarcasse casais cisgênero, transgênero, pais/mãe solo, inseminação artificial, intercurso hetero e homossexual.

Tendo colocado a tachinha no mapa, ele encerra o livro apontando o tema mais importante por trás da questão fisiológica: quem ansiava por nosso nascimento? Quem nos aguardava ao nascer? Com essa singela pergunta, o autor pode contemplar a questão do pertencimento da criança independentemente da genitoridade e do parentesco.

A grande questão humana, que aparece desde a mais tenra idade, é sobre a origem do desejo que engendrou nossa existência. Pergunta que embaraça adultos por remeter ao que ninguém pode atestar, e que tem na reprodução dos corpos sua cortina de fumaça. Explicar a mecânica reprodutiva na esperança de responder a questões sobre a origem é tentar explicar nossa condição de sujeito com base numa pista falsa.

A pergunta em jogo na curiosidade infantil — e adulta — é sobre a origem do sujeito: onde estávamos antes de adquirir a consciência própria? Ou o que éramos antes de sermos um sujeito? Tornar-se sujeito é algo que se dá a partir da interação com o outro, o que faz com que a pergunta aponte para o desejo que nos engendrou. O que os genitores desejavam quando nos puseram no mundo? O que desejavam aqueles que nos tomaram sob sua responsabilidade — tendo sido nossos genitores ou não? Lembremos a enigmática palavra final do magnata interpretado por Orson Welles em *Cidadão Kane*.[2] O filme começa com o personagem no leito de morte dizendo sua última palavra, "Rosebud", sem que ninguém saiba o que significa. Não é na galeria de amantes que encontraremos a solução desse enigma, mas na origem simples do personagem junto a sua mãe, de quem foi violentamente retirado para ser "alguém na vida". Tendo dedicado sua existência a se tornar milionário e poderoso, a palavra "Rosebud" remete ao momento no qual é separado da família, em função de um desejo dos pais, cuja razão lhe escapa. Kane, que respondeu ao enigma tornando-se um milionário inescrupuloso e solitário, acaba na mesma cena de onde partiu.

Diante do impossível de responder, busca-se um mito individual da origem do desejo por nós. Mas nossos mitos não estão soltos no nada, e "ser alguém" difere muito conforme a época e o lugar.

Para falar das condições que quem cuida oferece para que a subjetividade emerja no filhote humano, a psicanálise forjou as expressões "função materna" e "função paterna". Tais termos chegaram ao senso comum bastante associados aos papéis de mãe e pai, deslizando, na falta destes, para os papéis de cuidadoras mulheres e cuidadores homens. Na psicanálise, no entanto, o uso dessas funções é acompanhado da ressalva de que elas não dizem respeito nem à mãe nem ao pai. Mas, de fato, os significantes mãe/pai não estão aí à toa, revelando sua origem na confusão entre função, papel e gênero, própria do momento teórico no qual surgiram.

Para escapar dessa cilada, adota-se o termo "funções parentais". Mas esse também se mostra problemático, uma vez que toma a relação de parentesco como regra, quando não se trata da única configuração possível para o exercício dessas funções. Embora seja o arranjo mais comum — mães e/ou pais cuidando de seus filhos —, muitas são as situações nas quais as funções são exercidas por pessoas sem qualquer grau de parentesco. É importante lembrar que o parentesco, associado ao padrão-ouro de cuidados, é tido como modelo único quando deveria ser reconhecido como caso hegemônico, mas particular, por não recobrir todas as possibilidades.

Temos inúmeros casos nos quais essas funções são exercidas por outros, em decorrência de motivos alheios à vontade de pais e mães, como: morte, pobreza, doenças, prisões, migrações por trabalho, enfim, uma miríade de situações. Além disso, existem arranjos nos quais, a partir de uma convenção, as crianças são entregues a outros que não os pais sem que se trate de um acidente. E há famílias brasileiras para as quais é comum entregar os filhos para serem cuidados por outros — parentes ou não. Há arranjos históricos nos quais a ama ou a escrava, substituída pela babá remunerada, exercem as funções que os pais biológicos não assumiam, ou ainda povos originários em que o tio ocupa o lugar do que chamamos de pai — enquanto o pai biológico ocupa o que consideramos ser o do tio. Podemos citar o exemplo trazido por Maria Luiza Heilborn de um tipo de casamento entre duas mulheres que ocorre num grupo de pastores do Sudão, os Nuer. Quando uma mulher é comprovadamente estéril, retorna à sua linhagem de origem para constituir uma descendência e transita para a condição masculina, podendo casar-se com outra mulher. A companheira engravida de alguém, mas a mulher passa a ser reconhecida como marido e pai.[3] Antropólogos têm questionado a suposição de que haveria o conceito de pai em todas as culturas, uma vez que se trataria de uma preconcepção nossa, que não está necessariamente presente em outras sociedades. Como é o caso dos estudos de Cai Hua[4] sobre a etnia chinesa Na, na qual não se encontra a figura do pai, tampouco a do marido. É um tema polêmico que questiona as bases das estruturas de parentesco como foram conhecidas até então. Ao propor o uso de "funções constituintes da subjetividade",* no lugar de "funções parentais" ou "função paterna/materna", busco contornar a armadilha da suposição de que haveria um parentesco, um gênero e uma orientação sexual necessários ou superiores à sua consecução.

---

* Outros autores utilizam outros nomes, como "funções humanizantes" ou "campo desejante/campo normativo". Ver F. Goldgrub, Édipo 3×4: Estruturalismo, linguística, antropologia, psicanálise.

Quem pode exercer as *funções*? Pais, mães, demais parentes, cuidadores/as profissionais (educadores de serviços de acolhimento institucional, por exemplo). Mas não se trata de uma tarefa eventual, pois implica uma relação com profundo investimento afetivo, de responsabilização pela criança e que requer continuidade no tempo e comprometimento afetivo de quem cuida. O sofrimento é inerente ao laço amoroso profundo, uma vez que o objeto investido, no caso a criança sob nossos cuidados, pode nos faltar. Morte, adoecimento, adoção e afastamentos cobram o luto a ser feito de qualquer pessoa que estabeleça uma relação significativa com a criança. Nem todos, sejam parentes ou profissionais, estarão dispostos a tamanho envolvimento. Um exemplo é o de pais e mães que, tendo perdido um bebê, hesitam em se envolver com uma nova gestação por medo de repetir o sofrimento.

Freud alertava para a necessidade de uma *ação específica* para que a subjetividade se constitua. Ação promovida pelos/as cuidadores/as que compõem *o ambiente* do recém-nascido, como propôs Winnicott. Lacan aponta que os/as cuidadores/as capazes de realizar a ação específica devem ter um interesse não anônimo pela criança,[5] ou seja, devem estabelecer um tipo de laço que os implique pessoalmente e de uma forma desejante. Daí que nunca haverá um programa de computador, um robô ou um técnico desinteressado capaz de executar essa tarefa a contento. Não há automatismo que dê conta de criar esse ambiente, e não há, portanto, tecnologia capaz de substituí-lo — fato que se mostra cada vez mais necessário reiterar, diante das aspirações atuais de mecanizar e comercializar tudo.

Quem cuida precisa reunir uma constelação de atributos e, entre eles, o que é mais contingente e impossível de ser garantido: desejar. Desejar uma relação significativa com o recém-nascido e com a criança, dedicar-se a eles física e psiquicamente, enfim, amá-los em alguma medida. Digo "em alguma medida" porque costumamos usar como parâmetro o amor idealizado que se atribui a pais e genitores, evitando reconhecer que muitos entre nós constituímos nossa subjetividade fora da relação de parentesco ou do parentesco com o genitor. Aqui reaparece a ideia de que o amor que genitores podem oferecer seria o necessário e o suficiente; portanto, insubstituível, hipótese que a experiência clínica com crianças desmente.

Cabe lembrar que não se trata de um interesse episódico pela criança, mas de uma relação duradoura com algumas pessoas que criem um ambiente "suficientemente" bom, como dizia Winnicott — com uma dedicação contínua no tempo, com o mínimo de interrupções e com a sensibilidade de acompanhar as competências do bebê e da criança ao longo do crescimento. Obviamente, para que alguns adultos assumam tamanha responsabilidade é fundamental que possam ser, eles mesmos, apoiados social e materialmente na execução dessa tarefa, recebendo o suporte necessário para executá-la — fato reconhecido por todas as comunidades humanas que nos antecederam. No entanto, como busco alertar ao longo desta obra, a atual negligência em relação ao tema tem criado o pior dos mundos para quem cuida e, consequentemente, para as próximas gerações. O suporte oferecido por cuidadores é a comprovação suficientemente eloquente da falta de reconhecimento social. Discursos que idealizam pai, mãe e cuidadores/as sem lastro em ações palpáveis estão a serviço de acobertar o desprezo e a negligência com as pessoas que realizam o trabalho reprodutivo, visto como pouco rentável na lógica imediatista do capitalismo.

Os primórdios são decisivos para instalar uma relação capaz de desembocar na constituição subjetiva. Embora a psicanálise lacaniana não tenha uma visão desenvolvimentista da infância, pois aposta em etapas lógicas e não cronológicas, há consenso se existem limites para esse período e sobre a importância de não negligenciá-lo.[6] No entanto, cada sociedade determina a fase ou a idade em que se considera alguém adulto e emancipado. Portanto, quem cuida segue com sua responsabilidade até que se possa prescindir dele/a; afinal, espera-se que a geração posterior viva mais do que a anterior. Mas, além disso, relações humanas são condição de saúde psíquica ao longo de toda a vida, pois não existe sujeito fora dos laços sociais e é preciso encontrar meios de acolher todos os integrantes da sociedade sem exceção para além das relações de origem. Quem cuida deve ser capaz de catapultar a criança para dentro da sociedade, dando-lhe os meios de fazê-lo e exigindo que lhe seja ofertado o espaço de pertencimento na ordem humana.

As funções oferecem ao bebê as condições necessárias, mas não suficientes, para sua constituição subjetiva. Não são suficientes porque esse é um processo relacional, ou seja, que depende ativamente do próprio recém-nascido. O uso do termo "função", como na matemática, está aí justamente para se referir à relação entre termos. Portanto, seu sucesso ou fracasso não pode ser imputado apenas a quem cuida. É um processo que depende da entrada ativa do *infans* na linguagem, o que implica a "insondável decisão do ser", como diz Lacan[7] ao se referir a esse misterioso ato em direção a ser, que parte da criança como resposta à evocação do adulto. Não sabemos de antemão por que há crianças que se fecham aos apelos de quem cuida, mas isso acontece e está na base de alguns quadros do espectro autista.[8] Como diz Teperman: "Se o Outro é decisivo, ele não decide: quem decide é o sujeito".[9] Caso haja alguém ali para ele, o recém-nascido terá as competências necessárias para aproveitar essa presença. Como aponta Winnicott, ele deve, no mínimo, ter nascido com massa encefálica, caso contrário o melhor ambiente do mundo não encontra eco em suas competências para realizar essa travessia rumo à subjetividade.

A constituição do sujeito é um processo que se dá após o nascimento, ainda que no útero o feto seja capaz de vivenciar uma série de estímulos sensoriais. Mas sua relação com os estímulos ambientais e oriundos do próprio corpo é imediata, ou seja, não tem mediação subjetiva. Diríamos, por aproximação, que se assemelharia à vivência produzida por drogas alucinógenas, na qual temos a sensação de dissolução das bordas do Eu. Uma vivência indescritível, pois se encerra no exato momento em que nos referimos a ela — quando ela já acabou. Ao recuperar a experiência psicodélica (memorizá-la, descrevê-la), por exemplo, já estamos fora dela, ou seja, divididos pela consciência, falando de um acontecimento externo a nós. Por isso, costuma-se dizer que o que se passa antes da divisão subjetiva se refere a um tempo mítico, a que só temos acesso pela lógica, uma vez que escapa à própria consciência, estando aquém da linguagem.

Embora a existência no útero seja plena de vivências sensoriais, que ocorrem conforme os órgãos do sentidos vão se desenvolvendo, ela é desprovida de sentido. Quem atribui sentido às primeiras experiências é quem cuida, que vai transmitir esses sentidos, ainda que enigmáticos, para a criança a partir do nascimento. Assim, a descarga de adrenalina no útero, embora seja uma vivência de intensidade, não revela se ela decorreu do encontro com um assaltante ou do susto com uma festa-surpresa de aniversário. A opacidade do sentido nesses primórdios nos deixa no nível da reação aos estímulos, sem que a linguagem tenha cumprido a função primordial de simbolizar, interpretar e qualificá-los.

Com o nascimento, as manifestações do recém-nascido serão interpretadas e a elas serão atribuídas significações, com base na ilusão de que o recém-nascido é um sujeito e que em seus atos já existe intencionalidade consciente. Dessa forma, o choro aleatório será considerado uma demanda direta ao cuidador por comida, carinho ou colo, humanizando sua expressão.

O processo de constituição subjetiva não pode prescindir do corpo a corpo entre *infans* e cuidadores/as. Até que o *infans* chegue a falar de si mesmo, ou seja, que constitua um Eu, quem cuida estabelece interações muito precisas, ainda que espontâneas. Por isso, as condições de consecução das funções são tanto mais complexas quanto imponderáveis.

Quando falamos em constituição subjetiva, nos referimos a algo relativo à entrada do bebê na linguagem, ao processo que desemboca no reconhecimento de si — concomitante ao reconhecimento do outro —, e ao estabelecimento de uma relação com o corpo marcado pelas forças pulsionais e pelo desejo, muito além da necessidade. As forças pulsionais dizem respeito ao fato de que, para os seres humanos, os objetos de satisfação não estão determinados a priori, por isso não cabe usar o termo "instinto", cuja característica fundamental é a fixidez dentro da espécie. A pulsão não vem "de fábrica", ela é instalada pelos/as cuidadores/as à medida que as necessidades do recém-nascido (alimento, aquecimento, limpeza) vão sendo respondidas com um algo mais: palavras, sons, olhares e toques que denotam investimento afetivo e libidinal de quem cuida. Então a pulsão é aquilo que está para além da necessidade, embora emerja da forma como o/a cuidador/a responde às necessidades do nascituro. Esse processo é chamado de "circuito pulsional", pois se dá na interação e implica que o recém-nascido aquiesça às investidas de quem cuida e responda a elas entrando com seu investimento também — num primeiro momento como objeto de investimento libidinal de quem cuida, em seguida como aquele que se oferece para ser esse objeto. Um exemplo observável nesses primórdios, trazido pela psicanalista Marie-Christine Laznik,[10] é a brincadeira na qual o/a cuidador/a dá beijos nos pés do bebê, fingindo que vai comê-los. Num primeiro momento, o bebê reage rindo ao estímulo que vem de fora; em outro, ele ultrapassa essa posição reativa e oferece o pé para "ser comido". Esse gesto testemunha que o bebê entrou no jogo do circuito pulsional e se fez propositalmente de objeto para o deleite de quem cuida. Ele se *aliena* ao desejo do outro e o faz *ativamente*. Estamos bem longe de qualquer questão relativa a satisfação no nível da necessidade. Bebês cuidados apenas no nível da necessidade física perecem ou desenvolvem transtornos graves, como René Spitz[11] observou em seus estudos com crianças nas péssimas instituições asilares do pós-guerra.

A constituição subjetiva diz respeito a constituir um Eu e o sujeito do inconsciente. Trata-se de um processo lógico, que se dá dentro de um tempo de possibilidade para que se instale um sujeito. A entrada do bebê na ordem humana é um assujeitamento à linguagem, ou seja, supõe deixar-se nomear por aqueles que o recebem e dele se ocupam. Ele será "o queridinho da mamãe", "a esperança" ou "a vergonha da família". O bebê está condenado a ser falado antes de falar de si. A esse processo, Lacan dá o nome de "alienação": alienar-se ao significante oferecido pelo outro, que o bebê vê como aquilo que o representa para si mesmo e para o mundo.

Alienar-se ao significante dos agentes das funções constituintes é um processo necessário, que se dá desde a constituição do corpo da criança, no caso, o corpo erógeno, sede da pulsão. O lugar que a criança ocupa no desejo daqueles que o aguardavam, que por ele ansiavam, é transmitido por meio desses cuidados carregados de afeto e desejo. Quando essa relação é investida, as demandas de quem cuida demonstram algo que se deseja da criança, ou seja, que ela preenche alguma falta no/a cuidador/a. Ao longo do primeiro ano, ano e meio de existência, o filhote humano, a partir da interação com quem cuida e de suas próprias competências, se reconhece como unidade, um Eu, percebido como separado do outro.

O desejo do/a cuidador/a pela criança não se encerra num circuito fechado — salvo na patologia —, e a criança percebe que existe para quem cuida algo para além dessa relação. No ponto em que se vislumbra o para além da alienação ao desejo do outro se faz a separação. A alienação e a separação, como proposto por Lacan,[12] estabelecem uma relação dialética, e são as condições fundamentais da constituição subjetiva. A constituição do Eu se dá junto com a constituição do sujeito do inconsciente.

Vale lembrar que desde Freud se entende que é o inconsciente que rege o ser humano, e não o consciente, como quer o homem moderno. A revolução freudiana, que coloca o ser humano sob as determinações inconscientes que escapam a seu controle, é comparável à revolução copernicana e darwinista. A primeira tirou a Terra do centro do Universo, provando que ela é apenas mais um planeta orbitando em torno do Sol; a segunda revelou que os humanos e os macacos descendem do mesmo ancestral, e não são imagem e semelhança de Deus. Para o homem moderno que aspira ter o controle e a racionalidade científica acima de tudo, a descoberta freudiana, junto com o heliocentrismo e a teoria da evolução das espécies, é chamada de uma das três grandes feridas narcísicas.

O inconsciente freudiano não se refere apenas àquilo que não está à disposição da consciência e pode ser acessado com um esforço de concentração. Isso seria, por exemplo, o caso de tentar lembrar algo que fizemos na véspera, mas que nos escapa à memória por um momento, ou seja, está em estado pré-consciente e circunstancialmente inconsciente. Já o inconsciente, como instância psíquica, encontra-se irremediavelmente inacessível. O inconsciente só se faz conhecer por suas *formações*, emanações que só somos capazes de vislumbrar nos sonhos, nos lapsos, nos atos falhos, nos sintomas e nos chistes que nos põem em contato com esse outro de nós. Tendemos a ignorar ou refutá-lo quando irrompe na consciência. De forma mais radical ainda, Lacan propõe que o *sujeito do inconsciente* só aparece na relação analítica, quando suas formações podem ser escutadas e interpretadas. Fora desse âmbito privilegiado, ele é ignorado, tratado como erro e, portanto, descartado.

Nos debrucemos, então, sobre o que estou chamando de funções constituintes da subjetividade.

Funções constituintes da subjetividade

As FUNÇÕES CONSTITUINTES da subjetividade encerram operações de subjetivação oferecidas por quem cuida (sejam parentes ou não): *supor sujeito, estabelecer demanda, alternar presença e ausência* e *introduzir alteridade*.[1]

Por *suposição de sujeito* entende-se tratar o bebê recém-nascido como um sujeito antes que de fato a operação de divisão subjetiva (Eu/sujeito do inconsciente) tenha se estabelecido. Trata-se de um paradoxo, pois, ao interagir com o bebê como se ele já fosse capaz de nos entender e de dizer algo, criam-se as condições para que ele venha a sê-lo. Marie-Christine Laznik propõe a "ilusão antecipatória de sujeito"[2] para descrever esse fenômeno que tende a ser espontâneo por parte do adulto implicado na relação. Interpretar gestos e vocalizações do recém-nascido como vontades e saberes, mesmo quando esses comportamentos não passam de reflexos ou automatismos, significa tomá-lo como semelhante — condição que cria a possibilidade de que ele se torne um. O/A cuidador/a interpreta um grito como fome, frio, solidão, mesmo que nunca venha a saber o que de fato era. Entre a suposição e as falhas/acertos de quem cuida, um sujeito pode, oportunamente, se insinuar. "O bebê é um semelhante" seria a frase dessa função.

Estabelecer demanda é um desdobramento da primeira função e se trata de supor que o bebê demanda algo *a* quem cuida, algo ao qual *ele/a* (cuidador/a) deverá responder. O semelhante-bebê apela a quem cuida, que deve atribuir sentido a seu apelo. A suposição aqui é de que o bebê quer algo (suposição de sujeito desejante) e formula sua demanda a quem cuida (estabelecimento de uma demanda a alguém). "O bebê demanda algo de quem cuida" entraria aqui.

Ambas são funções que dependem de o bebê se alienar ao desejo de quem cuida, ou seja, entrar no jogo de se deixar interpretar por quem cuida e assumir o lugar de objeto do/a cuidador/a. Nesse sentido, dizemos que essas funções — suposição de sujeito e estabelecimento de demanda — são funções de alienação, pois cabe ao bebê *decidir* se entra ou não no jogo de se fazer interpretar, o que, como vimos, Lacan nomeia de "decisão insondável". A aposta aqui é de que *o bebê é alguém que quer algo do/a cuidador/a.*

Alternar presença e ausência é uma função na qual se introduzem os intervalos entre as demandas do bebê e as respostas de quem cuida, levando em conta que o bebê entre com algo próprio. A ausência, na medida do suportável a cada fase do bebê, abre caminho para que o desejo compareça. Imagine, por exemplo, que não houvesse intervalos entre as refeições, como quando se está ainda no útero, onde o cordão umbilical provê alimento e oxigenação ininterrupta. Não sentiríamos fome e, portanto, não ansiaríamos por alimento. Quando esse suprimento é interrompido, entramos no âmbito da necessidade — a ausência do alimento causa dor e leva o bebê a chorar. O choro é tido por quem cuida como uma demanda que lhe é direcionada, mas esse pedido deve ser atendido para além do nível da necessidade. É preciso que o alimento chegue carregado de intenção e desejo de assegurar a sensação de amparo e amor, e não apenas de satisfação da necessidade. A aflição de quem cuida diante das súplicas do bebê revela identificação com o sofrimento e o desamparo, e não apenas com a necessidade. Os intervalos entre demanda e resposta existem desde que o bebê nasce, óbvio, mas o que está em jogo aqui é o reconhecimento de que o bebê pode formular algo seu, como um desejo. Algo como: "Você tem fome de quê?". Um espaço entre a demanda e a resposta no qual esteja computado que ali se trata de um sujeito que também tem desejo. Os ritmos de sono e vigília, fome e saciedade, vão sendo estabelecidos com base nessa função. Aqui a demanda suposta é respondida, mas o desejo é cada vez mais registrado do lado do bebê. O/A cuidador/a não se apressa a responder instantaneamente porque supõe que o bebê tem uma vida interna para além dele e pode esperar um pouco.

Introduzir a alteridade é a quarta função e tem como efeito permitir que a criança vá se separando de quem cuida ao ajudá-la a reconhecer que há limites para as respostas a suas demandas, uma vez que existe um mundo para além da relação entre eles. Significa introduzir a função do terceiro que impede que a criança se feche no laço com quem cuida. As duas últimas funções — alternar presença e ausência e introduzir a alteridade — dizem respeito a funções de *separação*. O bebê formula seu desejo no intervalo no qual o/a cuidador/a se ausenta e com isso pode passar a reconhecer que para quem cuida existe algo além dele mesmo. Portanto, também para o bebê existirá algo além do/a cuidador/a. Isso permite que o bebê, no momento oportuno, se abra para o mundo para além dos/as cuidadores/as principais.

As funções não estão repartidas entre quem cuida. É importante ressaltar isso, porque o uso corrente dos significantes materno/paterno para as funções também levou à falsa interpretação de que estariam definidas entre mãe/pai, ou seja, um faria uma coisa e o outro, outra. Equívoco comum que decorre da confusão entre os significantes pai/mãe e as pessoas em carne e osso que ocupam esses lugares.

A dialética entre as funções de alienação e separação é a base das condições oferecidas por quem cuida para a constituição subjetiva do bebê e da criança e deve ser subjacente a toda interação com ele e com cada cuidador/a. As funções têm prevalências e nuances dependendo da fase do bebê, pois é da alienação que parte a possibilidade de separação.

As funções constituintes da subjetividade não dependem de parentesco. Os/As cuidadores/as criam condições ambientais e estabelecem uma relação à qual o bebê responde de forma singular. É nesse encontro contingencial, mas específico, que o sujeito pode advir.

Por convenção, é a genitora (mulher cisgênero) que cuida do bebê que está nesses primórdios elaborando sua experiência perinatal. Essa elaboração pode — mas não necessariamente o faz — aproximá-la narcisicamente do recém-nascido, pelo espelhamento de si que o bebê fornece. Ela também tem grandes chances de se identificar com o papel de mãe, uma vez que no campo social "genitora" tem sido tratado como sinônimo de mulher.[3] É compreensível que o bebê, por seu turno, em contato permanente com a genitora, perceba o ambiente quase como sinônimo da presença dela. Além disso, por tudo o que foi trazido até aqui, o grau de investimento libidinal que a genitora costuma oferecer ao recém-nascido tende a deixar uma marca considerável na criança. Somem-se a isso séculos de transmissão de um saber-fazer com o bebê* e teremos a crença absoluta em competências naturais e imbatíveis da mãe para cuidar de seu bebê. O que se dá como fenômeno histórico e social é convenientemente confundido com uma condição natural e necessária.

Portanto, a pergunta sobre nossa origem — "Quem somos? De onde viemos?" — não pode ser respondida pela biologia, mas através das relações que se estabelecem após o nascimento. Muito além da concepção — que pode ter acontecido sem sequer haver consentimento —, é necessário que alguém deposite em nós algum tipo de investimento pleno de expectativas, erotismo e afetividade e que o recém-nascido corresponda a isso para que o desfecho seja um sujeito. Que os/as cuidadores/as sejam os genitores trata-se de uma contingência para a instalação da subjetividade; que os/as cuidadores/as depositem algo de si na criança é da ordem do necessário. O paradoxo da constituição subjetiva — na qual apostamos no sujeito antes que de fato ele esteja lá e na qual, ao fazê-lo, oferecemos a condição sine qua non para que ele venha a se constituir — é o cerne da questão da origem. Na brincadeira de "Quem nasceu primeiro, o ovo ou a galinha?", fica claro que, em se tratando da subjetividade, é tudo ao mesmo tempo agora. O sujeito se funda a partir do desejo de outro sujeito para dele se separar na assunção do próprio desejo, que sempre será referido ao primeiro.

---

* É na medida em que houve a quebra da transmissão do conhecimento sobre os cuidados com as crianças, do saber-fazer transgeracional, que ficou patente o caráter aprendido dessa competência. A corrida aos especialistas da amamentação, do sono e dos cuidados em geral vem preencher essa falta.

Buscamos ativamente os indícios desse desejo por meio da pergunta sobre o que o outro quer de mim, revelando que nosso desejo é o desejo do desejo de quem cuida. Dessa alienação ao suposto desejo do outro — sobre o qual nunca teremos certeza — pode advir um desejo próprio, aquele que somos capazes de assumir independentemente do que supomos que seja o desejo do/a cuidador/a. De fato, nunca saberemos o que o outro quer de nós, mas criamos hipóteses e vivemos em função delas. Para preencher esse enigma sobre o desejo do outro, criamos o que a psicanálise chama de "fantasia fundamental", o mito individual do neurótico, que nos servirá de baliza, de enquadramento, e a partir da qual veremos o mundo.

Piera Aulagnier aponta que a função de quem cuida de um *infans*, aquele que não fala por si, implica "violência da interpretação",[4] ou seja, que se fale pela criança. Mas essa prerrogativa só cumpre inteiramente sua função se quem cuida puder renunciar a ela na medida direta da possibilidade de a criança *falar-se*, no sentido de expressar seu desejo e circular por si no mundo. Dessa forma, cabe a quem cuida mudar de posição abrindo espaço cada vez maior para a interface direta da criança com o mundo exterior.

Já está previsto nas funções de separação reconhecer a existência do terceiro elemento de toda relação. Embora as quatro funções responsáveis pela instalação do sujeito (supor um sujeito, estabelecer a demanda, alternar presença e ausência e introduzir a alteridade) não possam ser pensadas fora de uma relação dialética, as duas últimas são condição de possibilidade para o passo além que vai da capilaridade do cuidado — da relação um a um — em direção ao mundo.

São elas que abrem a possibilidade para que o mundo, para além dos/as cuidadores/as principais, seja um lugar no qual a criança possa vir a reivindicar o pertencimento como cidadão.

As condições oferecidas por quem cuida para que o bebê se constitua sujeito desembocam na possibilidade de ele se inserir cada vez mais na sociedade para além da família ou instituição responsável. O cuidado inclui a criação de condições para que a criança possa lidar com sua realidade específica, ou seja, se inserir na realidade de sua época e nas idiossincrasias do recorte sociocultural e familiar do qual faz parte. Aulagnier usa o termo "contrato narcisista"[5] para descrever que a criança herda o lugar dos/as cuidadores/as principais no xadrez social e terá que se haver com isso. Seja entre a elite poderosa ou à margem dela, as cartas do pertencimento ao tecido social vêm marcadas pela origem da criança. Com apenas meia estrofe, os Racionais MC's denunciam em "Negro drama" o estigma que paira sobre a mãe solteira, negra e periférica: o de formar uma família contra o mundo, portanto um estorvo social, cuja descendência é tida como de segunda classe e cuja sina seria a marginalidade — "Família brasileira, dois contra o mundo/ Mãe solteira de um promissor vagabundo".

Miriam Debieux Rosa traz a questão para o campo da desigualdade social brasileira, resgatando a articulação entre a esfera privada (família) e o público (política).[6] A constituição subjetiva do sujeito se dá na relação com os/as cuidadores/as, que transmitem ao bebê um lugar que o precede na fantasia de quem cuida, que também está ligada à engrenagem social da qual fazem parte. Dessa forma, o público faz parte do privado, desde antes do nascimento da criança, e lhe chega por quem cuida, pela forma singular como cada pessoa que cuida foi marcada pela subjetividade da época e por seu lugar na sociedade. Ao longo do crescimento da criança, a relação dela com o público vai sendo cada vez menos mediada pelos adultos, e a emancipação subjetiva e social se transforma em função principal de quem cuida.

A função dos/as cuidadores/as ligada ao exercício da cidadania permite que a criança estabeleça relações apropriadas com adultos e crianças fora do círculo deles em direção ao espaço público. Corrida de obstáculos de longuíssimo alcance, na qual quem cuida serve de dobradiça entre o mundo privado* e o mundo público. Uma vez constituída a subjetividade nos primórdios, resta um longo período de atenção e dedicação para a formação da criança. Passado esse começo de total dependência, o tempo que cada criança ficará sob inteira tutela dos/as cuidadores/as responsáveis tem relação com convenções sociais da época, de cada sociedade e mesmo de cada família.

---

* Por "privado" aqui refiro-me à máxima capilaridade da cadeia de cuidados dos pequenos, aquela que se resume aos/às cuidadores/as principais e responsáveis legais que comumente se ocupam da criança. Pessoas que fazem parte de seu círculo de referência e confiança. Pode ser numa instituição profissional ou na família. O "público" diz respeito ao resto da comunidade que se presentifica através da escola, mas também das outras famílias e instituições nas quais a criança passa a circular conforme cresce.

Assunção subjetiva do parentesco

LACAN, EM SUA FAMOSA afirmação sobre o lugar do analista, diz que "o ser sexuado só se autoriza de si mesmo, mas não sem os outros".[1] Com essa frase, ele condensa a intrincada relação entre o si mesmo e os outros, enfatizando que não existe sujeito fora da coletividade, mas que o ato de autorizar-se não pode partir senão do sujeito. Ele condiciona o ser ao outro, sem perder de vista o ato singular de cada um. Lacan usa essa fórmula para outras assunções, como o autorizar-se analista, para demonstrar a relação entre nosso lugar na coletividade e o ato singular de cada um. Essa acepção também nos ajuda a pensar maternidade/paternidade para além da genitoridade e das imposições legais que nomeiam alguém mãe/pai mesmo à revelia do desejo.

O que faz com que alguém assuma subjetivamente — para além da genitoridade ou da lei — a filiação de alguém? Thais Garrafa propõe para a questão o termo "posição parental".[2] Nele, a autora diferencia a *função parental* da *posição materna*. A posição materna implica assumir um lugar único e irreversível junto ao filho, resultado de um ato. O ato para a psicanálise lacaniana se refere à assunção de certa posição subjetiva desde o inconsciente,[3] oposta à ação que decorre da vontade consciente. Podemos agir baseados na vontade de sermos pai/mãe, gerando ou adotando uma criança, para descobrir depois que nunca se consumou a assunção de uma posição parental junto à criança. Embora recebam o reconhecimento social e mesmo legal dos papéis de pai/mãe, não há garantia de que a criança foi tomada subjetivamente nesse lugar que modifica para sempre a relação de quem cuida com ela.

Como alguém se institui subjetivamente como pai e mãe? Essa questão parece ter ficado em segundo plano para a psicanálise, ofuscada pela problemática da constituição subjetiva e do sofrimento dos bebês. Elencar condições necessárias para um bebê constituir a subjetividade tornou-se prioridade justificável diante dos graves adoecimentos das crianças no pós-guerra. Além disso, o tema da origem psíquica do ser humano é fundamental para entendermos a etiologia de psicopatologias e proporrnos tratamentos. No entanto, é imprescindível pensarmos o que se passa do lado daqueles que se arvoram no lugar de pais/mães de alguém. Qual processo estaria em jogo na *assunção do parentesco*? Para isso é preciso manter a diferenciação que reiteramos até aqui entre a assunção do parentesco e os demais lugares nos quais adultos se responsabilizam pelo cuidado com crianças.

Assumir um filho significa fazer dele herdeiro de um nome familiar que antecede pais e mães, e do qual ele também será portador.* O filho passa a representar a descendência e a projeção na posteridade desse nome familiar, que ultrapassa a existência de pais e mães. Estes transmitem aos filhos um lugar na história e nas fantasias inconscientes familiares

---

* Há que se pensar nos casos em que as adoções são informais, como relatadas por Claudia Fonseca, mas nas quais a criança se torna herdeira de um laço de parentesco, ainda que não legalizado.

que não está em jogo em outras relações de cuidado. Nesse sentido, a prole com a qual se identificam os representa socialmente para o bem e para o mal. A identificação com a criança ultrapassa aquela de um/a cuidador/a sem relação de parentesco, pois implica a continuação do nome. No caso da genitoridade, implica ainda a transmissão de um corpo — não me refiro à questão da transmissão da carga genética, mas do corpo imaginário, ou seja, de uma relação que inclui de forma específica o narcisismo dos pais ao se verem espelhados no corpo dos filhos através de traços genéticos reconhecíveis ou imaginados. Vemos como os casos de troca de bebês em maternidade, quando revelados, curto-circuitam as experiências de genitoridade e parentalidade, obrigando a reelaboração do lugar da criança entre o laço afetivo e a herança genética.[4]

O espelho narcísico na filiação está bem descrito por Piera Aulagnier quando ela cita a fantasia inconsciente das mulheres de parirem a si mesmas, ou seja, de projetarem no cuidado que pretendem oferecer ao bebê o cuidado que acham que deveriam ter recebido de sua mãe, uma vez que, em nossas fantasias infantis, a mãe está sempre em falta.[5] A assunção do parentesco, quando ligada à genitoridade, se presta mais facilmente à ideia de parir-se a si mesma e ser a melhor mãe de si. Isso serve também para os pais, sempre ávidos por encontrar traços fisionômicos e comportamentais seus na prole. Com a genitoridade os limites podem ficar mais borrados, pois a assunção do parentesco se dá na confusão narcísica entre o nome, a história familiar, a carga genética e o reconhecimento social de quem cuida.

Se uso "assunção de parentesco" é para indicar que se trata de algo que também se refere à posição subjetiva de avós, tios e irmãos. Claudia Fonseca relata casos de adultos que retornam para o convívio com os genitores que deles se afastaram desde muito pequenos, mesmo recém-nascidos.[6] Pesquisando junto a classes mais populares, ela testemunhou o reencontro de irmãos, depois de anos, sem que isso fosse empecilho para o reconhecimento imediato dos laços de parentesco. Nesses casos, prevalece a assunção do parentesco a partir da genitoridade, mesmo sem a troca afetiva que decorre da convivência. Nas camadas com maior renda, nas quais prepondera o discurso maternalista (o discurso da mãe única, insubstituível, e o qual condena a genitora que se aparta da prole), o retorno de um filho, geralmente fruto de uma relação não reconhecida pelo casal, não costuma encontrar ambiente tão amistoso entre os irmãos e outros familiares.

Quanto à família que efetivamente criou a criança, não são raros os casos em que o desejo de assumir o parentesco é formulado — seja na forma de adoção legal, seja pelas relações simbólicas que se constituem e que podem se revelar permanentes.[7] O desejo de assumir a paternidade/maternidade de alguém é em si mesmo uma questão que vale a pena manter no horizonte.

Conclusões

O que leva alguém a ter filhos?

ALGUNS DIRÃO QUE SE TRATA de um imperativo da espécie pela transmissão da carga genética. Outros, que se trata de uma aspiração narcisista e da identificação com o próprio pai e mãe. Outros ainda afirmarão que a prole responde a anseios mais pragmáticos: ajuda no trabalho, cuidados na velhice e aspiração por mobilidade social depositada na próxima geração. Mas entre a vontade manifesta e o acontecimento existe uma diferença que, se escutada, pode talvez revelar o desejo inconsciente que nos move. Se amaremos ou não a criança que nos chega, sempre incapaz de responder a todos os nossos anseios, só saberemos a posteriori. De qualquer forma, permanece nossa responsabilidade ética em garantir-lhe um futuro.

Sejam quais forem as motivações conscientes e inconscientes, o déficit demográfico — situação na qual não nascem crianças suficientes para repor a população que morre — é um dado preocupante em países desenvolvidos. Pela primeira vez em oito décadas, a relação entre nascimentos e óbitos revelou um quadro demográfico preocupante nos Estados Unidos, tornando os imigrantes cruciais para equilibrar a economia a médio prazo.[1] É alarmante que esse fato tenha sido sucedido por uma onda conservadora capaz de reverter o direito ao aborto, garantido havia quase cinquenta anos pela Constituição norte-americana. Espera-se que a revogação da sentença de 1973, conhecida como "Roe versus Wade", leve quase a metade dos estados norte-americanos a proibir e criminalizar o aborto.[2] Difícil imaginar que a economia mundial vá assumir a derrocada econômica sem apelar para expedientes autoritários de controle do corpo feminino. O déficit demográfico tem sido associado ao aumento da escolaridade feminina, ao investimento na carreira e ao acesso à contracepção, demonstrando que maternidade e autonomia feminina têm caminhado para lados opostos.

Segundo Merike Blofield e Michael Touchton em estudo comparativo sobre as políticas de licença parental na América Latina,[3] a mentalidade maternalista tem efeitos negativos duradouros nas tentativas de conciliação entre família e trabalho para as mulheres. A iniquidade de gênero agravada pela experiência de ter filhos tem levado à escolha por retardar, diminuir ou evitar a prole. A mesma sociedade que não cria condições para a maternidade acaba por promover subterfúgios para driblar o déficit demográfico por meio de incentivos raros e insuficientes ou usando de franca coerção.

A disputa entre ser mãe ou ser mulher tem levado mulheres a abdicar de ter filhos por serem incapazes de pagar o preço proposto. O psicanalista Joel Birman denuncia a construção histórica que faz com que a mulher tenha que decidir entre a maternidade e o erotismo.[4] Birman aponta que o status dos filhos na atualidade oscila entre o bebê idealizado — conquistado mesmo às custas de caríssimas intervenções médicas — e o filho real, que se revela um fardo por competir com o trabalho, o tempo, a vida pessoal, as finanças e a vida conjugal. Os afetos ambivalentes que sentimos pelas crianças são recalcados sob o manto da idealização da infância. Como o recalcado costuma retornar na forma de sintoma, a aposta do autor é que a atual paranoia com a figura do adulto pedófilo está relacionada a isso. Teorias conspiratórias como QAnon,* que giram em torno da questão da pedofilia e do tráfico infantil, encontrariam material para o delírio paranoico coletivo no recalcamento dos seguintes fatos: as crianças se tornaram um estorvo e, em grande parte, queremos nos livrar delas — ao mesmo tempo que as amamos. A teoria de uma conspiração mundial pela destruição da infância seria o retorno das próprias fantasias ambivalentes de nossa sociedade atual com relação a ela. Como se tivéssemos de fato conseguido construir "a infância" para todos e ela estivesse agora ameaçada por uma conspiração mundial. A que infância se referem, afinal?

A pesquisadora e jornalista israelense Orna Donath[5] recolheu depoimentos de mulheres que declaram ter se arrependido da maternidade, causando polêmica por revelar a fantasia ainda corrente de que a maternidade é uma experiência inequívoca. Não são mulheres que odeiam os filhos, mas que se arrependem da experiência. Atualmente algumas mulhe-

---

* Segundo a Wikipedia, QAnon é uma teoria da conspiração da extrema direita, criada nos Estados Unidos, segundo a qual haveria uma cabala secreta — formada por adoradores de Satanás, pedófilos e canibais — que dirige uma rede global de tráfico sexual infantil. A conspiração teria sido engendrada com base num plano secreto do denominado "Estado paralelo". Ver <https://pt.wikipedia.org/wiki/QAnon>. Ver também "O que é a teoria conspiratória QAnon e no que acreditam seus seguidores?". *O Estado de S. Paulo*, 3 ago. 2021. Disponível em: <https://tv.estadao.com.br/internacional,o-que-e-a-teoria-conspiratoria-qanon-e-no-que-acreditam-seus-seguidores,1187265>.

res têm formulado a interessante provocação de desejarem ter filhos na condição de não serem mães deles. A reivindicação, muito eloquente por sinal, é de que as mulheres preferem ser pais de seus filhos. Ou seja, ocupar junto a eles o lugar reservado aos homens: amar, prover, cuidar, podendo se ausentar quando quiserem e manter uma vida pessoal. Entre a sexualidade, a liberdade e a ocupação igualitária do espaço público, de um lado, e a maternidade, de outro, as mulheres pós-revolução sexual de classes mais abastadas não encontram nem a expectativa social tão maciça nem as vantagens para escolher a identificação com a maternidade. Quando desejam ter filhos, não estão dispostas a fazê-lo sacrificando mais do que os pais sacrificariam.

O cuidado com os filhos vai na contramão do estilo de vida contemporâneo, que tem como valores principais a competição, o lucro e o prestígio, nunca tidos como suficientes. Além disso, a precária solução que obriga a mulher a assumir a maior carga de responsabilidade pelos filhos se mostra insustentável.

A maternidade que se baseia na ideia de uma mulher dessexualizada, cujos interesses se resumem à família e aos filhos, se tornou um empecilho para que elas se entreguem à experiência de se tornarem mães, mesmo quando o desejo de ter filhos está presente. Quando assumem fazê-lo, testemunham que a conquista da contracepção, do direito ao divórcio, do acesso ao mercado de trabalho formal, bem como a aspiração a uma carreira, têm como efeito colateral uma maternidade cada vez mais solitária. Capturadas por ideais individualistas e de meritocracia, nos quais os laços sociais se afrouxam, a figura pejorativa da mãe "solteira" dá lugar à mãe solo, independente e sobrecarregada. A clínica psicanalítica está repleta de casos de depressão e sofrimento que revelam os impasses das mulheres que se veem premidas a escolher entre filhos, sexualidade e trabalho. Nas classes subalternizadas, a vulnerabilidade social muitas vezes impede a aspiração à maternidade, mesmo quando é desejada.

Mas nem toda mãe solo se faz pela decisão de ter filhos fora da relação conjugal. A solidão sistemática a que estão submetidas mulheres negras e pardas é um sintoma do lugar da mulher racializada em nossa sociedade.[6] A falta de acesso aos direitos reprodutivos, somada ao abandono e à solidão, leva essas mulheres a viver uma experiência diferente das mulheres brancas em geral. De acordo com pesquisa de 2018 do Instituto Brasileiro de Geografia e Estatística (IBGE), 61% das mães solo no Brasil são negras. Entre os domicílios compostos de mulheres negras com filhos de até catorze anos, 63% estão abaixo da linha de pobreza.

No campo masculino, o exercício da paternidade sob outras perspectivas teve um efeito importante. Ao se verem mais implicados com a prole em função dos divórcios, das guardas compartilhadas, da exigência das mulheres e da legitimação da adoção por casais homossexuais,* os homens precisaram rever a questão do cuidado, até então assumido como eminentemente feminino. Tiveram de repensar como educar meninos e meninas a partir de bases que permitissem incluir meninos como cuidadores, uma vez que eles mesmos passaram a assumir esse papel. Se um pai pode criar os fi-

---

* No Brasil, a adoção por casais homoafetivos é reconhecida pelo Supremo Tribunal Federal desde 2015, como adoção homoparental.

lhos na ausência da mãe, é a própria masculinidade que deve ser revista para justificar essa possibilidade — associando a palavra "masculinidade" a cuidar, e não apenas a prover materialmente. Embora essas mudanças apontem para transformações importantes, ainda são insignificantes considerando a carga a que estão submetidas as mulheres ao redor do mundo.

É fundamental não perder de vista que a almejada igualdade na divisão de tarefas — baseada numa responsabilização coletiva com a criança que inclua família, Estado e sociedade — esbarra numa tarefa não compartilhável. Gestar e parir não são competências intercambiáveis entre sujeitos de fisiologias e anatomias diferentes. O ciclo gravidez-parto-puerpério elimina qualquer pretensão de divisão igualitária.

A divisão biológica da reprodução tem sido usada para justificar tanto a subalternização das mulheres nos cuidados com a prole como também inúmeras outras injustiças decorrentes: a não contratação de mulheres em idade fértil, os salários menores em cargos iguais, a demissão quando voltam da licença-maternidade. O ciclo de hiper-responsabilização e falta de apoio se fecha com a impossibilidade de os cuidados com a próxima geração serem sustentáveis. Além disso, a romantização das competências das genitoras faz com que, convenientemente, outras pessoas que cuidam de um bebê sejam consideradas arremedos perto dela — argumento que permeia as mentalidades e está na base de interpretações patologizantes e decisões equivocadas de alguns especialistas.

Mas se engana quem imagina que se trata de uma questão que só concerne às relações heterossexuais de pessoas cisgênero. A ideologia do padrão-ouro da maternidade reaparece como fantasmas para casais LGBTQIAPN+ na medida em que, havendo dois ou mais pais/mães, apenas um pode gestar e parir por vez, fazendo com que o outro — ou outros — tenha(m) que lidar com as próprias fantasias sobre o lugar da genitoridade na parentalidade.

O arranjo da divisão sexual do trabalho nunca funcionou de todo, exceto para uma elite que podia prescindir da dupla jornada de trabalho feminina. Mas, mesmo para as que se dedicam exclusivamente à casa e aos filhos, é bom lembrar que se trata de uma tarefa sem folga nem intervalo, e que é confundida com amor e dedicação afetiva. Isso significa que, enquanto o homem pode se dar ao luxo de chegar em casa e descansar do dia de trabalho, à mulher ainda cabe a jornada de 24 horas nos sete dias da semana. As que podem se valer do trabalho de funcionárias domésticas só deslocam a questão das obrigações ditas femininas para mulheres das classes pobres, sem que a responsabilidade dos outros integrantes da família e da sociedade seja questionada.

Mulheres sempre trabalharam dentro e fora de casa, fosse para completar a renda familiar, fosse por sustentarem sozinhas a prole. A ideia de que a mulher teria se apresentado ao mercado somente a partir dos anos 1960 diz mais respeito à mudança de mentalidade — que passa a admitir o trabalho remunerado feminino como um valor e uma aspiração, mesmo para a elite — do que a um fato inédito. A invisibilidade do trabalho reprodutivo vai se tornando insustentável, uma vez que a mulher também é a responsável principal, quando não única, pela renda familiar, como vemos na quase maioria dos lares brasileiros.[7]

É preciso questionar o modelo de maternidade no qual se pautam ações que almejam cuidar da infância. Essa é uma das condições para sairmos do ciclo vicioso em que a ideia de "ajudar" as mães se revela a razão mesma de seu desamparo e do desamparo das crianças.

Se o teste de DNA não faz de alguém pai/mãe de fato, tampouco a lei pode demover alguém do lugar de pai/mãe subjetivamente investido quando lhe retira o poder familiar. Assim também um/a cuidador/a profissional, numa instituição, ou um/a cuidador/a numa família acolhedora* pode exercer as funções constituintes da subjetividade a contento sem nunca assumir o parentesco de modo legal ou subjetivo. Da mesma forma, alguém pode assumir subjetivamente o parentesco e não ter condições de exercer as funções constituintes da subjetividade por motivo de doença, prisão, migração ou por razões legais, como na destituição do poder familiar. Reconhecer que a assunção do parentesco é subjetiva e contingencial, não garantida nem pelo corpo nem pela lei, e que pode acontecer separada da função de cuidador/a, nos ajuda a entender e despatologizar os inúmeros casos nos quais as coisas não andam juntas. Os mal-entendidos sobre o tema são fruto de falsas expectativas, de culpabilização infundada e de sofrimentos para quem cuida e para as crianças. É o que

---

* Segundo a Coalizão pelo Acolhimento em Família Acolhedora: "O acolhimento é uma medida de proteção, prevista no Estatuto da Criança e do Adolescente, para crianças e adolescentes que precisam ser afastados temporariamente de sua família de origem. Esta medida é excepcional e provisória, e não deve ultrapassar dezoito meses. [...] Trata-se de uma modalidade em que a criança ou adolescente é cuidada temporariamente por uma outra família: a família acolhedora. Essa família é parte do Serviço de Acolhimento em Família Acolhedora (SFA) e, durante o período de acolhimento, assume todos os cuidados e a proteção da criança e/ou do adolescente". Disponível em: <https://familiaacolhedora.org.br>.

acontece no caso de adoções devolvidas, quando fica claro que o gesto legal — adotar a criança — não foi acompanhado da assunção da filiação. Ou de genitores, que, diante da perda ou separação da mãe da criança, desinvestem-se completamente da prole como se ela nunca tivesse existido, revelando o lugar de simples coadjuvantes da cena parental.

Só faz sentido reconhecer o saldo positivo legado pelo movimento maternalista — no que ele foi capaz de antecipar e promover o bem-estar social na esfera materno-infantil e de alçar as mulheres ao espaço público e político — na medida em que formos capazes também de admitir que a ideologia que pauta esse movimento é, em si própria, reprodutora da iniquidade de gênero, raça e classe. Se o movimento maternalista pode ser lido como o que foi estrategicamente possível em meados do século xx, o mesmo não se justifica diante das transformações estruturais exigidas pelo século xxi. O antimaternalismo é uma das condições para que as políticas públicas voltadas ao cuidado com as próximas gerações não perpetuem as injustiças que dizem querer debelar. Sem a crítica às expectativas de gênero e à repetição de valores racistas e classistas nos quais a ideologia maternalista se baseia, teremos poucas chances de mudar o cenário cada vez mais alarmante de vulnerabilidade de crianças e jovens.

Busquei apontar alguns pontos cegos que ainda ancoram a resistência à mudança de mentalidade: as ideias de padrão-ouro do cuidado — genitora, mulher, cisgênero, heterossexual, casada —, de instinto materno, de capacitação para a parentalidade e da indistinção entre genitoridade, perinatalidade e parentalidade. Enfim, o imaginário que ofusca, penaliza e patologiza cuidadores/as, bebês e crianças em nossa sociedade, levando ao sofrimento. De minha parte, coube discutir em que pontos a psicanálise repercute essa mentalidade e como pode contribuir para denunciá-la.

A ideia de uma mãe determinada natural e biologicamente vem responder à nossa angústia diante da falta de garantias do amor daqueles que nos trouxeram ao mundo. Só um investimento especial em cada um de nós, que surge da identificação conosco, do amor, do cuidado e da responsabilização, pode nos tirar desse desamparo inicial. Não é fácil sustentar que, no momento da nossa existência em que somos mais indefesos, "dependemos da boa vontade de estranhos". A falsa premissa de que haveria uma natureza maternal decorrente do instinto responde a questões político-econômicas, mas também contempla nossas fantasias narcísicas.

Agradecimentos

À Daniela Teperman e à Thais Garrafa, por conjugarem nossa bela amizade com o amor pelo trabalho conjunto. Leitoras generosas, vocês encarnam minha definição de companheirismo, lealdade e boas risadas.

À Bárbara Cristina Souza Barbosa, pela leitura atenta e pelas dicas imprescindíveis.

Aos colegas do Instituto Gerar de Psicanálise, que dão provas diárias de que uma instituição pode produzir com rigor e alegria. Descobri junto a vocês que entusiasmo e horizontalidade são as chaves dessa empreitada.

Às integrantes dos coletivos Casa Aberta, Rappa e Rede Clínica, que renovam minhas esperanças em uma psicanálise engajada e relevante. Vocês são motivo de orgulho para todos nós.

À equipe da Zahar/Companhia das Letras, pelo convite e pela parceria adorável.

Notas

Origens [pp. 13-20]

1. E. A. Danto, *As clínicas públicas de Freud: Psicanálise e justiça social*.
2. Entre os mais célebres: S. Freud, *Cultura, sociedade, religião: O mal-estar na cultura e outros escritos*; *Moisés e o monoteísmo*, in: *ESB*, v. 23; *Totem e tabu*, in: *ESB*, v. 13.
3. Ver V. L. Bicudo, *Atitudes raciais de pretos e mulatos em São Paulo*; J. D. Gomes, *Os segredos de Virgínia: Estudo de atitudes raciais em São Paulo (1945-1955)*.
4. R. A. Lima, *A psicanálise na ditadura civil-militar brasileira (1964-1985): História, clínica e política*.
5. V. Safatle, N. da Silva Jr. e C. Dunker (Orgs.), *Neoliberalismo como gestão do sofrimento psíquico*.
6. Exemplo contundente é a crítica de Paul B. Preciado sobre o lugar do sujeito LGBTQIAPN+ dentro da psicanálise; ver P. B. Preciado, *Eu sou o monstro que vos fala: Relatório para uma academia de psicanalistas*.

E a maternidade, o que é? [pp. 21-30]

1. M. Del Priore, *Ao sul do corpo: Condição feminina, maternidade e mentalidades no Brasil Colônia*, p. 16; R. Segato, *Crítica da colonialidade em oito ensaios: E uma antropologia por demanda*, p. 217.
2. Sobre o tema, ver P. Porchat, "'Mãe-e-pai': uma parentalidade não binária".
3. M. Mead, *Sexo e temperamento*, p. 64.
4. V. Iaconelli, "Reprodução de corpos e sujeitos: A questão perinatal".
5. C. Fonseca, "Mãe é uma só?: Reflexões em torno de alguns casos brasileiros".
6. Ver *Ciranda, cirandinha*, dirigido por Claudia Fonseca (Brasil, 1994, 27 min.). Disponível em: <https://www.youtube.com/watch?v=L-KOST2Hxp6o>.

7. Termo usado por uma das entrevistadas para explicar o reconhecimento do parentesco.
8. C. Fonseca, "Da circulação de crianças à adoção internacional: Questões de pertencimento e posse".
9. C. Fonseca, *Caminhos da adoção*.
10. J. Donzelot, *A polícia das famílias*.
11. Sobre a corrosão da conjugalidade, ver: C. Dunker, "Economia libidinal da parentalidade"; sobre a precarização dos cuidados, ver: I. Katz, "Infâncias: Uma questão para a psicanálise".
12. P. Ariès, *História social da criança e da família*.
13. N. Postman, *O desaparecimento da infância*.
14. Segundo o último relatório da Unicef, uma em cada dez crianças no mundo trabalha. Ver: International Labour Office e Unicef, *Child Labour: Global, Estimates 2020 Trends and the Road Forward*; Plan International Brasil, *Tirando o véu: Estudo sobre casamento infantil no Brasil*. Segundo a ONU, em 2013 havia em torno de 300 mil crianças-soldado espalhadas por 86 países.

Mulheres? Quais mulheres? [pp. 31-7]

1. E. Koyama, "The Transfeminist Manifesto"; J. G. de Jesus; H. Alves, "Feminismo transgênero e movimentos de mulheres transexuais"; A. Davis, *Mulheres, raça e classe*; L. Gonzalez, *Por um feminismo afro-latino-americano*; b. hooks, *E eu não sou uma mulher?: Mulheres negras e feminismo*.
2. C. Fonseca, *Caminhos da adoção*.
3. Agradeço à psicanalista Bárbara Cristina Souza Barbosa pela interlocução sobre temas ligados a interseccionalidade e parentalidade. Suas contribuições inestimáveis atravessam todo este texto.
4. Em discurso improvisado, proferido na *Women's Rights Convention* [Convenção pelo Direito das Mulheres], nos Estados Unidos, em 1851, Sojourner Truth disse: "Aqueles homens ali dizem que as mulheres precisam de ajuda para subir em carruagens, e devem ser carregadas para atravessar valas, e que merecem o melhor lugar onde quer que estejam. Ninguém jamais me ajudou a subir em carruagens, ou a saltar sobre poças de lama, e nunca me ofereceram melhor lugar algum! E não sou uma mulher? Olhem para mim!

Olhem para meus braços! Eu arei e plantei, e juntei a colheita nos celeiros, e homem algum poderia estar à minha frente. E não sou uma mulher? Eu poderia trabalhar tanto e comer tanto quanto qualquer homem — desde que eu tivesse oportunidade para isso — e suportar o açoite também! E não sou uma mulher? Eu pari treze filhos e vi a maioria deles ser vendida para a escravidão, e quando eu clamei com a minha dor de mãe, ninguém a não ser Jesus me ouviu! E não sou uma mulher?". (Tradução de Osmundo Pinho.)
5. J. J. Reis e F. dos S. Gomes (Orgs.), *Revoltas escravas no Brasil*.
6. K. Crenshaw, "Demarginalizing the Intersection of Race and Sex: A Black Feminist Critique of Antidiscrimination Doctrine, Feminist Theory and Antiracist Politics".

Em busca do orgasmo perdido, ou O que quer uma mulher?
[pp. 38-43]

1. T. Laqueur, *Inventando o sexo: Corpo e gênero dos gregos a Freud*. Entre vários documentos, Laqueur cita N. Venette, *Conjugal Love; Or The Pleasures of the Marriage Bed Considered in Several Lectures on Human Generation*.
2. M. Perrot, *Os excluídos da história*.
3. Sobre o longo percurso no qual a divisão sexual do trabalho serviu aos interesses da construção do capitalismo, sugiro: S. Federici, *Calibã e a bruxa: Mulheres, corpo e acumulação primitiva*.
4. S. Freud, *Três ensaios sobre a teoria da sexualidade*, in: ESB, v. 7.
5. Ibid.
6. K. Horney, *Feminine Psychology*; H. Cixous, *O riso da Medusa*.
7. T. Laqueur, *Inventando o sexo: Corpo e gênero dos gregos a Freud*, p. 284.
8. S. Freud, *Três ensaios sobre a teoria da sexualidade*, in: ESB, v. 7.

A miragem do instinto materno [pp. 44-56]

1. P. Ariès, *História social da criança e da família*.
2. Lembremos a população de crianças na monumental prisão Petite-Roquette, na França, já em meados do século xix, onde delinquentes e enjeitados pelos pais permaneciam em condições deploráveis. Ver M. Perrot, "As crianças da Petite-Roquette".

3. M. Perrot, *Os excluídos da história*.
4. Ibid.
5. E. Badinter, *Um amor conquistado*.
6. R. Segato, *O Édipo brasileiro: A dupla negação de gênero e raça*.
7. O auge da queima de mulheres nas fogueiras pela Inquisição se deu em pleno Renascimento, e não na Idade das Trevas, como se costuma dizer. Silvia Federici demonstra a íntima ligação entre esse evento e a construção do novo lugar da mulher na sociedade, para servir ao capitalismo nascente (S. Federici, *Calibã e a bruxa: Mulheres, corpo e acumulação primitiva*).
8. L. Appignanesi, *Mad, Bad and Sad: A History of Women and the Mind Doctors from 1800 to the Present*.
9. Ver, por exemplo, "Elisabeth Badinter, 'L'Amour en plus'", de 30 maio 1980. Disponível em: <https://www.youtube.com/watch?v=viX4e04oI74>.
10. Estudo realizado por pesquisadores do PUCRS Data Social, laboratório de estudos lançado pela Pontifícia Universidade Católica do Rio Grande do Sul em 2021. Disponível em: <https://www.pucrs.br/blog/estudo-probreza-infantil/>.
11. E. Brum, "Como chegamos aos 570 pequenos indígenas mortos por negligência do governo Bolsonaro". *Sumaúma*, 21 jan. 2023. Disponível em: <https://sumauma.com/como-chegamos-aos-570-pequenos-indigenas-mortos-por-negligencia-do-governo-bolsonaro/>; *Correio Braziliense*, "Indígenas denunciam organizações missionárias evangélicas por sequestro de crianças", 18 abr. 2009. Disponível em: <https://www.correiobraziliense.com.br/app/noticia/brasil/2009/04/18/interna-brasil,99946/indigenas-denunciam-organizacoes-missionarias-evangelicas-por-sequestro-de-criancas.shtml>.
12. b. hooks, *E eu não sou uma mulher?: Mulheres negras e feminismo*.
13. S. L. de S. Alencar, *A experiência de luto em situação de violência: Entre duas mortes*.
14. A. Davis, *Mulheres, raça e classe*; b. hooks, *E eu não sou uma mulher?: Mulheres negras e feminismo*.
15. O Brasil foi o último país americano a abolir a escravidão, em 1888.

O sofrimento feminino pela perspectiva de Freud [pp. 57-62]

1. S. Freud, *O mal-estar na cultura*, in: *Cultura, sociedade, religião: O mal-estar na cultura e outros escritos*.
2. J. de Gaultier, *Le Bovarysme: La psychologie dans l'œuvre de Flaubert*. Em outro contexto, a psicanalista Maria Rita Kehl faz uma leitura muito interessante do bovarismo como sintoma da sociedade brasileira; ver M. R. Kehl, *Bovarismo brasileiro*.
3. V. Woolf, *Um quarto só seu: E três ensaios sobre as grandes escritoras inglesas — Jane Austen, Charlotte & Emily Brontë e George Eliot*.

As contradições do maternalismo [pp. 63-81]

1. B. Nepomuceno, "Protagonismo ignorado".
2. A. P. V. Martins, "Gênero e assistência: Considerações histórico-conceituais sobre práticas e políticas assistenciais".
3. Ibid.
4. Ecos atualíssimos dessa solução eugenista podem ser ouvidos nas falas do ex-presidente Jair Bolsonaro ao longo dos anos, por exemplo: "Tem que dar meios para quem, lamentavelmente, é ignorante e não tem meios de controlar a sua prole. Porque nós aqui controlamos a nossa. O pessoal pobre não controla (2011)". Ver R. Bragon, "Bolsonaro defendeu esterilização de pobres para combater miséria e crime", *Folha de S.Paulo*, 11 jun. 2018. Disponível em: <https://www1.folha.uol.com.br/poder/2018/06/bolsonaro-defendeu-esterilizacao-de-pobres-para-combater-miseria-e-crime.shtml>.
5. Ver M. Sanger, *The Selected Papers of Margaret Sanger, v. 1: The Woman Rebel, 1900-1928*; *The Selected Papers of Margaret Sanger, v. 2: Birth Control Comes of Age, 1928-1939*; *The Selected Papers of Margaret Sanger, v. 3: The Politics of Planned Parenthood, 1939-1966*.
6. B. Klöppel, *A produção da segurança da pílula anticoncepcional: Biomedicalização e gênero na ginecologia brasileira*.
7. G. Mink, *The Wages of Motherhood: Inequality in the Welfare State, 1917-1942*.
8. M. O. Dias, "Resistir e sobreviver".
9. M. Rago, *Do cabaré ao lar: A utopia da cidade disciplinar e a resistência anarquista — Brasil, 1890-1930*.

10. A. P. V. Martins, "Gênero e assistência: Considerações histórico-conceituais sobre práticas e políticas assistenciais".
11. N. Sevcenko, *A Revolta da Vacina: Mentes insanas em corpos rebeldes*.
12. Michelle Perrot aponta que essa aliança não estava livre de conflito, uma vez que as "mulheres do povo" nunca abdicaram de outros saberes, preservados à revelia do médico. Ver M. Perrot, *Os excluídos da história*.
13. Em 2022 tivemos um exemplo dessa mentalidade trazida aos tempos atuais na fala da então deputada estadual Janaina Paschoal, ao explicar a razão de ser contra o auxílio às mães solo: "Compreendo a boa intenção no PL [projeto de lei] que confere benefícios diferenciados às mães solo. No entanto, esse tipo de projeto pode servir como incentivo a não se formarem famílias, a não se oficializarem as uniões, a gestações precoces e até forçadas...". Disponível em: <https://twitter.com/JanainaDoBrasil/status/1501505714128306176>.
14. S. Koven e S. Michel, "Womanly Duties: Maternalist Politics and the Origins of Welfare States in France, Germany, Great Britain, and the United States, 1880-1920".
15. Ibid.
16. P. Wilkinson, "The Selfless and the Helpless: Maternalism Origins of the US Welfare State".
17. M. L. Mott, "Maternalismo, políticas públicas e benemerência no Brasil (1930-1945)".
18. M. M. de L. Freire, *Mulheres, mães e médicos: Discurso maternalista no Brasil*.
19. B. M. Alves, *Ideologia e feminismo: A luta da mulher pelo voto no Brasil*; S. K. Besse, *Modernizando a desigualdade: Reestruturação da ideologia de gênero no Brasil (1914-1940)*.
20. E. S. Lobo, *Emma Goldman: A vida como revolução*; A. C. Ribas, *As sexualidades d'*A Plebe*: Sexualidade, amor e moral nos discursos anarquistas do jornal* A Plebe *(1917-1951)*.
21. M. L. de Moura, *A mulher é uma degenerada*.
22. M. L. M. Leite, *Outra face do feminismo: Maria Lacerda de Moura*.
23. O I Congresso Afro-brasileiro se deu em 1934, ocasião na qual os líderes do movimento reiteraram o lugar da mulher negra no espaço doméstico e em trabalhos de caráter estritamente femininos. Ver B. Nepomuceno, "Protagonismo ignorado".

24. M. Rago, *Entre a história e a liberdade: Luce Fabbri e o anarquismo contemporâneo.*
25. E. Larsen, *Gender and the Welfare State: Maternalism — A New Historical Concept?.*

Psicanálise e maternidade [pp. 82-94]

1. S. Muskat, "Revisitando Adão e Eva", *CULT*, n. 242, fev. 2019. Disponível em: <https://www.cultloja.com.br/produto/masculinidade-cult-242>.
2. J. Lacan, *O mito individual do neurótico: Ou Poesia e verdade na neurose.*
3. Em 1935, Freud responde por carta à mãe de um jovem homossexual em busca de tratamento para o filho: "A homossexualidade não é evidentemente uma vantagem, mas não há nada do que sentir vergonha. Ela não é nem um vício, nem uma desonra e não poderíamos qualificá-la de doença". S. Freud, "Lettre de Freud à Mrs N.", p. 43.
4. G. Rubin, "O tráfico de mulheres: Notas sobre a 'economia política' do sexo".
5. G. Moncau, "Sistema sexo-gênero (conceito)".
6. Gayle Rubin trata ao mesmo tempo das contribuições de Freud e do antropólogo Claude Lévi-Strauss: "eles [Freud e Lévi-Strauss] fornecem instrumentos conceituais com os quais é possível construir descrições da parte da vida social que é o lócus da opressão das mulheres, das minorias sexuais, e de determinados aspectos da personalidade humana nos indivíduos". G. Rubin, "O tráfico de mulheres: Notas sobre a 'economia política' do sexo".
7. S. Freud, *Três ensaios sobre a teoria da sexualidade*, in: *ESB*, v. 7.
8. Ver R. U. Cromberg (Org.), *Sabina Spielrein: Uma pioneira da psicanálise* (2 vols.).
9. M. Hilferding, T. Pinheiro e H. Besserman Vianna, *As bases do amor materno.*
10. A babá é a figura onipresente entre os bem-nascidos, mas é escanteada para melhor preservar a imagem da genitora, como demonstra Rita Segato ao abordar a questão edípica a partir dos eixos social e racial no Brasil Colônia. R. Segato, *O Édipo brasileiro: A dupla negação de gênero e raça.* Também veremos a onipresença de babás na formação dos psicanalistas e de seus pacientes. M. Corrêa, "A babá de Freud e outras babás".

11. J. Lacan, "Nota sobre a criança", pp. 369-70.
12. Christian Dunker nos alerta para "a noção genérica de corpo" em psicanálise como uma "falsa unidade composta de figuras heterogêneas". Ele propõe o uso da noção de "corporeidade", na qual os caracteres Simbólico, Real e Imaginário (registros definidos por Lacan) possam ser considerados.
13. P. van Haute e T. Geyskens, *Psicanálise sem Édipo?: Uma antropologia clínica da histeria em Freud e Lacan*.
14. S. Freud, *Três ensaios sobre a teoria da sexualidade*, in: *ESB*, v. 7.
15. M. Caffé, "Norma e subversão na psicanálise: Reflexões sobre o Édipo".
16. S. Freud, "Sexualidade feminina", in: *ESB*, v. 21.
17. S. Freud, "A feminilidade", in: *ESB*, v. 22.
18. Embora Lacan cite os estudos de Robert Stoller sobre gênero, a introdução do termo ainda não permitia prever os inúmeros desdobramentos ligados ao tema. Ver J. Lacan, *O Seminário*, livro 18, *De um discurso que não fosse semblante*.
19. Sobre a crítica à interpretação freudiana do desejo feminino muito se escreveu. Sugiro: S. André, *O que quer uma mulher?*.
20. S. Freud, "Análise leiga", in: *ESB*, v. 20.
21. P. B. Preciado, *Eu sou o monstro que vos fala: Relatório para uma academia de psicanalistas*.
22. Ibid.
23. Em alusão ao termo cunhado por Gayle Rubin. Ver, dela, "O tráfico de mulheres: Notas sobre a 'economia política' do sexo".
24. M. R. Kehl, *Deslocamentos do feminino: A mulher freudiana na passagem para a modernidade*, p. 154.

A preocupação materna primária e o modelo uterino de cuidado [pp. 95-105]

1. S. Freud, "Projeto para uma psicologia científica", in: *ESB*, v. 1.
2. R. Iganus et al., "Roles and Responsibilities in Newborn Care in Four African Sites".
3. S. André, *O que quer uma mulher?*, p. 198.
4. K. Horney, *Psicologia feminina*.

5. J. J. Miranda, A. L. R. Timo e F. R. R. Belo, "Crítica à Teoria da Maternidade em Winnicott: É preciso ser mulher para cuidar de crianças?". Ver também: N. T. C. Campana, C. V. M. dos Santos e I. C. Gomes, "De quem é a preocupação primária?: A teoria winnicottiana e o cuidado parental na contemporaneidade".
6. D. W. Winnicott, *Os bebês e suas mães*, onde se lê: "Sugiro, como vocês sabem, e suponho que todos concordem, que comumente a mãe entra numa fase, uma fase da qual ela comumente se recupera nas semanas e meses que se seguem ao nascimento do bebê, e na qual, em grande parte, ela é o bebê e o bebê é ela. E não há nada de místico nisso. Afinal de contas, *ela também já foi bebê, e traz consigo as lembranças de tê-lo sido; tem igualmente recordações de que alguém cuidou dela, e estas lembranças tanto podem ajudá-la quanto atrapalhá-la em sua própria experiência como mãe*" (p. 4, grifo meu).

Genitoridade, perinatalidade e parentalidade [pp. 106-10]

1. Sobre essa disjunção temporal, sugiro: V. Iaconelli, *Mal-estar na maternidade: Do infanticídio à função materna*.
2. Idem.
3. H. Atlan, *O útero artificial*.
4. F. Héritier, *Masculino feminino: O pensamento da diferença*.

Perinatalidade: gravidez, parto e pós-parto [pp. 113-7]

1. S. Freud, *Três ensaios sobre a teoria da sexualidade*, in: *ESB*, v. 7.
2. R. S. Camacho et al., "Transtornos psiquiátricos na gestação e no puerpério: Classificação, diagnóstico e tratamento".

Algumas considerações sobre a reprodução de corpos [pp. 118-21]

1. W. Trevathan, "Primate Pelvic Anatomy and Implications for Birth".
2. J. M. Calcagno e A. Fuentes, "What Makes Us Human? Answers From Evolutionary Anthropology".

Psicanálise e corpo erógeno [pp. 122-32]

1. Ver D. Le Breton, *Adeus ao corpo: Antropologia e sociedade* e *Antropologia do corpo e modernidade*.
2. B. Albert e D. Kopenawa, *A queda do céu: Palavras de um xamã yanomami*.
3. Para mais sobre o tema, sugiro: V. Iaconelli, "Maternidade e erotismo na modernidade: Assepsia do impensável na cena do parto".
4. S. L. Alonso e M. P. Fuks, *Histeria*.
5. Freud começou suas pesquisas junto ao já reconhecido médico vienense Josef Breuer, que atendia aquela que foi considerada a primeira paciente da psicanálise, Anna O., pseudônimo de Bertha Pappenheim. Ela exigiu que Breuer a escutasse, fato que trouxe efeitos surpreendentes sobre seus inúmeros sintomas. Ver S. Freud, *Estudos sobre a histeria*, in: *ESB*, v. 2.
6. D. Haraway, *O manifesto das espécies companheiras: Cachorros, pessoas e alteridade significativa*.
7. J. Lacan, "Subversão do sujeito e dialética do desejo no inconsciente freudiano", in: *Escritos*; A. Quinet, *A descoberta do inconsciente: Do desejo ao sintoma*.
8. F. Gullar, *Na vertigem do dia*.
9. J. Lacan, *O Seminário*, livro 20, *Mais, ainda*, p. 155.
10. C. Dunker, "Corporeidade em psicanálise: Corpo, carne e organismo".

O Eu e a imagem corporal [pp. 133-41]

1. Ver *Bébés du Monde*, dirigido por Béatrice Fontanel, Claire D'Harcourt e Emmanuelle Nobécourt (França, 2000, 52 min.).
2. Sobre casos de gravidez negada, sugiro T. G. Gonçalves, "Negação não psicótica da gravidez: Definições, especificidades e explicações", na qual se encontra vasta bibliografia sobre o tema.
3. Sobre desistir de fazer o aborto de gestação inviável e legalmente permitida depois que o bebê passa a se mover no útero, sugiro M. S. V. Setúbal et al., "Interrupção legal em gestações de fetos com patologias letais: Aspectos epidemiológicos e emocionais".
4. J. Lacan, "Estádio do espelho como formador da função do eu tal como nos revela a experiência psicanalítica", in: *Escritos*, pp. 96-103.

5. D. W. Winnicott, "O papel do espelho da mãe e da família no desenvolvimento infantil", capítulo de *O brincar e a realidade* no qual Winnicott dialoga com o artigo de Lacan sobre o estádio do espelho.
6. J. Lacan, "Estádio do espelho como formador da função do eu tal como nos revela a experiência psicanalítica", in: *Escritos*.
7. S. Freud, "Sobre o narcisismo: Uma introdução", in: *ESB*, v. 14, pp. 85-119.
8. J. Lacan, *O Seminário*, livro 8, *A transferência*.

Do que é feito um bebê? [pp. 142-8]

1. Para mais informações, consultar: E. Verhagen e P. J. J. Sauer, "The Groningen Protocol: Euthanasia in Severely Ill Newborns".
2. S. F. Feitosa, *Pluralismo moral e direito à vida: Apontamentos bioéticos sobre a prática do infanticídio em comunidades indígenas no Brasil*.
3. R. Segato, "Que cada povo teça os fios de sua história: Um diálogo tenso com a colonialidade legislativa 'dos salvadores' da infância indígena".
4. Sugiro ver ibid. para saber mais sobre essa importante questão do dito "infanticídio" em terras indígenas.
5. Desenvolvo mais esse tema em: V. Iaconelli, *Mal-estar na maternidade: Do infanticídio à função materna*.
6. P. Aulagnier, *Um intérprete em busca de sentido*, p. 14.
7. M.-C. Laznik, "Poderíamos pensar numa prevenção da síndrome autística?".

O parto [pp. 149-68]

1. S. Freud, "Sobre o mecanismo psíquico dos fenômenos histéricos: Comunicação preliminar", in: *ESB*, v. 2, pp. 41-53.
2. S. Freud, *A correspondência completa de Sigmund Freud para Wilhelm Fliess (1887-1904)*.
3. P. van Haute, "Eu não acredito mais na minha neurótica: Trauma e disposição após o abandono da teoria da sedução".
4. S. Freud, *Além do princípio do prazer/ Jenseits des Lustprinzips*.

5. S. Freud, *A interpretação dos sonhos*, in: *ESB*, v. 10.
6. J. Lacan, *O Seminário*, livro 7, *A ética da psicanálise*.
7. Ibid.
8. Sobre o uso equivocado fruto da recente popularização do conceito de pulsão de morte, sugiro: V. Safatle, "Estado suicidário, fascismo e problemas no uso político do conceito de pulsão de morte".
9. S. Freud, "Recordar, repetir e elaborar", in: *ESB*, v. 12.
10. J. Lacan, *O Seminário*, livro 20, *Mais, ainda*.
11. S. Freud, "Recordar, repetir e elaborar", in: *ESB*, v. 12.
12. M. do C. Leal et al. "A cor da dor: Iniquidades raciais na atenção pré-natal e ao parto no Brasil".
13. Disponível em: <https://nascernobrasil.ensp.fiocruz.br/?us_portfolio=nascer-no-brasil>.
14. M. do C. Leal et al. "A cor da dor: Iniquidades raciais na atenção pré-natal e ao parto no Brasil".
15. A Rede de Atenção e Pesquisa em Psicanálise e Parto (Rappa), ligada ao Instituto Gerar de Psicanálise, criou o Comparto, dispositivo no qual se escutam relatos da parturição. Antes da pandemia de covid-19, a rede atendia em sala de parto, situação em que era comum a equipe ou acompanhantes de parturientes falarem sobre as próprias experiências. Testemunhar o parto de outrem impacta e reatualiza nossas próprias experiências com a questão da origem, do corpo, do traumático e da sexualidade. Disponível em: <https://institutogerar.com.br/rappa>.
16. Tema sobre o qual me debrucei em: V. Iaconelli, "Maternidade e erotismo na modernidade: Assepsia do impensável na cena do parto".
17. Tema que desenvolvi em: V. Iaconelli, *Mal-estar na maternidade: Do infanticídio à função materna*.
18. Ibid.
19. Para mais informações consultar: E. Verhagen e P. J. J. Sauer, "The Groningen Protocol: Euthanasia in Severely Ill Newborns"; A. C. S. Moreira, *Dizeres do indizível: Reflexões sobre os discursos em torno do infanticídio indígena*.
20. J. M. de Carvalho, *Ritual de passagem: Das terras indígenas às áreas urbanas dos Sateré-Mawé*.
21. J. Clavreul, *A ordem médica: Poder e impotência do discurso médico*.

22. Trato desse tema em: V. Iaconelli, "Maternidade e erotismo na modernidade: Assepsia do impensável na cena de parto".
23. C. Dunker, "Corporeidade em psicanálise: Corpo, carne e organismo".

Bebê não nascido de mãe, ou Quando o pai dá à luz [pp. 169-72]

1. A experiência de McConnell está relatada no documentário *Seahorse: The Dad Who Gave Birth*, dirigido por Jeanie Finlay (Reino Unido, 2019, 85 min.). Disponível em: <https://seahorsefilm.com/watch>.
2. A. B. R. R. Presgrave, C. R. F. Hildebrand e R. C. V. Peixoto, "Pais que dão à luz: Como o direito brasileiro regulamenta o registro dos filhos de transgêneros?".
3. Para discussão sobre como a sexualidade dos povos originários foi *catequizada* pela heteronormatividade dos colonizadores no Brasil, ver: E. R. Fernandes, *"Existe índio gay?": A colonização das sexualidades indígenas no Brasil*.
4. Em 2022 — e pelo 14º ano consecutivo — o Brasil foi o país no qual mais se assassinaram transexuais no mundo, segundo a Antra (Associação Nacional de Travestis e Transexuais). Ver B. G. Benevides, *Dossiê "Assassinatos e violências contra travestis e transexuais brasileiras em 2022"*.

Parentalidade [pp. 175-84]

1. D. W. Teperman, *Família, parentalidade e época: Um estudo psicanalítico*.
2. T. Benedek, "Parenthood as a Developmental Phase: A Contribution to the Libido Theory".
3. D. W. Teperman, *Família, parentalidade e época: Um estudo psicanalítico*, p. 125.
4. Ibid.
5. P. Bourdieu, *Escritos de educação*.
6. M. Foucault, "A ética do cuidado de si como prática da liberdade".

7. D. W. Teperman, T. Garrafa e V. Iaconelli (Orgs.), *Parentalidade*, pp. 7-10.
8. V. Safatle, "Em direção a um novo modelo de crítica: as possibilidades de recuperação contemporânea do conceito de patologia social", p. 9.
9. S. Freud, *Cultura, sociedade, religião: O mal-estar na cultura e outros escritos*.
10. R. A. Spitz, *O primeiro ano de vida*.
11. M. D. Rosa, "Passa anel: Famílias, transmissão e tradição".
12. Ibid.
13. G. F. Loiola e T. P. Berberian, "Produção sociojurídica de famílias 'incapazes' e 'negligentes': Contradições face ao estado de desproteção social".
14. C. Fonseca, *Caminhos da adoção*.
15. C. Fonseca, "Algumas reflexões em torno do 'abandono materno'".
16. C. Fonseca, "Da circulação de crianças à adoção internacional: Questões de pertencimento e posse".
17. L. Appignanesi, *Mad, Bad and Sad: A History of Women and the Mind Doctors from 1800 to the Present*.
18. F. I. Bastos, "Entre a 'concertação' perversa e o varejo político: A complexa trajetória reprodutiva das mulheres negras e pardas"; C. Barroso, "Esterilização feminina: Liberdade e opressão".

Constituição subjetiva [pp. 185-97]

1. C. Silverberg e F. Smyth, *What Makes a Baby?*.
2. *Cidadão Kane*, dirigido por Orson Welles (Estados Unidos, 1941, 119 min.).
3. M. L. Heilborn, "Usos e abusos da categoria de gênero".
4. C. Hua, *A Society Without Fathers or Husbands: The Na of China*.
5. J. Lacan, "Nota sobre a criança", in: *Outros escritos*.
6. J. Jerusalinsky, *A criação da criança: Letra e gozo nos primórdios do psiquismo*.
7. J. Lacan, "Formulações sobre a causalidade psíquica", in: *Escritos*, pp. 152-94.
8. M.-C. Laznik, *A voz da sereia: O autismo e os impasses na constituição do sujeito*.

9. "O modo como o sujeito [a criança] institui o Outro para si não constitui uma resposta às pretensões pedagógicas ou edificantes daqueles que se ocupam das funções parentais, mas revela sua singular posição em relação ao Outro. Podemos dizer que, *se o Outro é decisivo, quem decide é o sujeito*" (D. W. Teperman, "Parentalidade para todos, não sem a família de cada um").
10. M-C. Laznik, *A voz da sereia: O autismo e os impasses na constituição do sujeito*.
11. R. A. Spitz, *O primeiro ano de vida*.
12. J. Lacan, *O Seminário*, livro 11, *Os quatro conceitos fundamentais da psicanálise*, pp. 193-204.

Funções constituintes da subjetividade [pp. 198-205]

1. D. P. Infante, "O Outro do bebê: As vicissitudes do tornar-se sujeito"; Instituto Fazendo História, *Entre o singular e o coletivo: O acolhimento de bebês em abrigo*, pp. 19-31.
2. M.-C. Laznik, "Poderíamos pensar numa prevenção da síndrome autística?".
3. Lembremos, com Badinter, que isso não se dá em todas as épocas e culturas (E. Badinter, *Um amor conquistado: O mito do amor materno*).
4. P. Aulagnier, *A violência da interpretação: Do pictograma ao enunciado*.
5. Ibid., pp. 146-54.
6. M. D. Rosa, "Passa anel: Famílias, transmissão e tradição".

Assunção subjetiva do parentesco [pp. 206-9]

1. J. Lacan, *Os não tolos vagueiam: Seminário 1973-1974*.
2. T. Garrafa, "Primeiros tempos da parentalidade".
3. J. Lacan, *O Seminário*, livro 15, *O ato psicanalítico*.
4. Sugiro um filme que trata com grande sensibilidade o tema: *Pais e filhos*, dirigido por Hirokazu Kore-eda (Japão, 2013, 121 min.).
5. P. Aulagnier, *Um intérprete em busca de sentido*.
6. C. Fonseca, *Caminhos da adoção*.
7. Ibid.

O que leva alguém a ter filhos? [pp. 213-22]

1. S. Tavernise, "Fewer Births, More Deaths Result in Lowest U.S. Growth Rate in Generations", *The New York Times Journal*, 19 dez. 2018, disponível em: <https://www.nytimes.com/2018/12/19/us/census-population-growth.html>.
2. Em 24 de junho de 2022, a Suprema Corte dos Estados Unidos resolveu revogar oficialmente a decisão conhecida como "Roe versus Wade", que desde 1973 garantia o direito constitucional ao aborto. O veredicto autoriza os estados norte-americanos a terem leis mais restritivas contra a decisão das mulheres de interromper a gravidez. Dos cinquenta estados da federação (e mais o distrito federal), espera-se que entre 22 e 25 proíbam e tornem crime o procedimento. Ver "Suprema Corte dos EUA derruba direito ao aborto", Deutsche Welle, 24 jun. 2022. Disponível em: <https://www.dw.com/pt-br/suprema-corte-dos-eua-derruba-direito-ao-aborto/a-62253762>.
3. M. Blofield e M. Touchton, "Moving Away from Maternalism? The Politics of Parental Leave Reforms in Latin America".
4. J. Birman, "Pacto perverso e biopolítica".
5. O. Donath, *Mães arrependidas: Uma outra visão da maternidade*.
6. A. C. L. Pacheco, *Branca para casar, mulata para f... e negra para trabalhar: Escolhas afetivas e significados de solidão entre mulheres negras em Salvador, Bahia*.
7. André Phelipe e Marina Barbosa, "Mulheres são responsáveis pela renda familiar em quase metade das casas", *Correio Braziliense*, 16 fev. 2020. Disponível em: <https://www.correiobraziliense.com.br/app/noticia/economia/2020/02/16/internas_economia,828387/mulheres-sao-responsaveis-pela-renda-familiar-em-quase-metade-das-casa.shtml>.

Referências bibliográficas

Artigos e livros

ALBERT, Bruce; KOPENAWA, Davi. *A queda do céu: Palavras de um xamã yanomami*. São Paulo: Companhia das Letras, 2015.

ALENCAR, Sandra Luzia de Souza. *A experiência de luto em situação de violência: Entre duas mortes*. São Paulo: Pontifícia Universidade Católica de São Paulo, 2011. Tese (Doutorado em Psicologia Social).

ALONSO, Silvia Leonor; FUKS, Mário Pablo. *Histeria*. São Paulo: Casa do Psicólogo, 2004. (Coleção Psicanalítica).

ALVES, Branca Moreira. *Ideologia e feminismo: A luta da mulher pelo voto no Brasil*. Petrópolis: Vozes, 1980.

ANDRÉ, Serge. *O que quer uma mulher?* Rio de Janeiro: Jorge Zahar, 1998.

APPIGNANESI, Lisa. *Mad, Bad and Sad: A History of Women and the Mind Doctors from 1800 to the Present*. Londres: Virago, 2008.

ARIÈS, Philippe. *História social da criança e da família*. Rio de Janeiro: LTC, 2006.

ATLAN, Henri. *O útero artificial*. Rio de Janeiro: Fiocruz, 2006.

AULAGNIER, Piera. *A violência da interpretação: Do pictograma ao enunciado*. Rio de Janeiro: Imago, 1979.

_____. *Um intérprete em busca de sentido*. São Paulo: Escuta, 1990. v. 1.

BADINTER, Elisabeth. *Um amor conquistado: O mito do amor materno*. Rio de Janeiro: Nova Fronteira, 1985.

BARROSO, Carmen. "Esterilização feminina: Liberdade e opressão". *Revista de Saúde Pública*, São Paulo, v. 18, n. 2, 1984, pp. 170-80.

BASTOS, Francisco Inácio. "Entre a 'concertação' perversa e o varejo político: A complexa trajetória reprodutiva das mulheres negras e pardas". In: MONTEIRO, Simone; SANSONE, Livio (Orgs.) *Etnicidade na América Latina: Um debate sobre raça, saúde e direitos reprodutivos*. Rio de Janeiro: Fiocruz, 2004, pp. 249-56.

BENEDEK, Therese. "Parenthood as a Developmental Phase: A Contribution to the Libido Theory". *Journal of the American Psychoanalytic Association*, Thousand Oaks, v. 7, n. 3, 1959, pp. 389-417.

BENEVIDES, Beatriz G. *Dossiê assassinatos e violências contra travestis e transexuais brasileiras em 2022*. Disponível em: <https://antrabrasil.files.wordpress.com/2023/01/dossieantra2023.pdf>.

BESSE, Susan Kent. *Modernizando a desigualdade: Reestruturação da ideologia de gênero no Brasil (1914-1940)*. São Paulo: Edusp, 1999.

BICUDO, Virgínia Leone. *Atitudes raciais de pretos e mulatos em São Paulo*. São Paulo: Sociologia e Política, 2010.

BIRMAN, Joel. "Pacto perverso e biopolítica". *Psicologia Clínica*, Rio de Janeiro, v. 21, n. 2, 2009, pp. 381-96.

BLOFIELD, Merike; TOUCHTON, Michael. "Moving Away from Maternalism? The Politics of Parental Leave Reforms in Latin America". *Comparative Politics*, Nova York, v. 53, n. 1, 2020, pp. 1-3.

BOURDIEU, Pierre. *Escritos de educação*. Petrópolis: Vozes, 1998.

CAFFÉ, Mara. "Norma e subversão na psicanálise: Reflexões sobre o Édipo". *Revista Percurso*, São Paulo, n. 60, 1º sem., 2018. Disponível em: <http://www.bivipsi.org/wp-content/uploads/percurso60-4.pdf>.

CALCAGNO, James M.; FUENTES, Agustín. "What Makes Us Human? Answers From Evolutionary Anthropology". *Evolutionary Anthropology*, Nova York, v. 21, n. 5, 2012, pp. 182-94. Disponível em: <https://doi.org/10.1002/evan.21328>.

CAMACHO, Renata Sciorilli et al. "Transtornos psiquiátricos na gestação e no puerpério: Classificação, diagnóstico e tratamento". *Archives of Clinical Psychiatry*, São Paulo, v. 33, n. 2, 2006, pp. 92-102. Disponível em: <https://doi.org/10.1590/S0101-60832006000200009>.

CAMPANA, Natália Teixeira Caldas; SANTOS, Carine Valéria Mendes dos; GOMES, Isabel Cristina. "De quem é a preocupação primária?: A teoria winnicottiana e o cuidado parental na contemporaneidade". *Psicologia Clínica*, Rio de Janeiro, v. 31, n. 1, 2019, pp. 32-53. Disponível em: <http://pepsic.bvsalud.org/scielo.php?script=sci_arttext&pid=S0103-56652019000100003&lng=pt&nrm=iso>.

CARNEIRO, Sueli. "Mulheres em movimento: Contribuições do feminismo negro". In: HOLLANDA, Heloisa Buarque de (Org.). *Pensamento feminista brasileiro: Contexto e formação*. Rio de Janeiro: Bazar do Tempo, 2019, pp. 271-89.

CARVALHO, Joelma Monteiro de. *Ritual de passagem: Das terras indígenas às áreas urbanas dos Sateré-Mawé*. Manaus: UEA, 2019.

CIXOUS, Hélène. *O riso da Medusa*. Rio de Janeiro: Bazar do Tempo, 2022.
CLAVREUL, Jean. *A ordem médica: Poder e impotência do discurso médico*. São Paulo: Brasiliense, 1983.
COPJEC, Joan. *Read My Desire: Lacan Against the Historicists*. Cambridge, EUA; Londres: MIT Press, 1994.
CORRÊA, Mariza. "A babá de Freud e outras babás". *Cadernos Pagu*, Campinas, n. 29, pp. 61-90, jul. 2007.
CRENSHAW, Kimberle. "Demarginalizing the Intersection of Race and Sex: A Black Feminist Critique of Antidiscrimination Doctrine, Feminist Theory and Antiracist Politics". *University of Chicago Legal Forum*, Chicago, v. 1989, art. 8, pp. 139-67, 1989. Disponível em: <https://philpapers.org/archive/CREDTI.pdf?ncid=txtlnkusaolp00000603>.
CROMBERG, Renata Udler (Org.). *Sabina Spielrein: Uma pioneira da psicanálise*. Trad. de Renata Dias Mundt. São Paulo: Livros da Matriz, 2014. (Obras completas, 1).
_____. *Sabina Spielrein: Uma pioneira da psicanálise*. Trad. de Renata Dias Mundt. São Paulo: Blucher, 2021. (Obras completas, 2).
DANTO, Elizabeth Ann. *As clínicas públicas de Freud: Psicanálise e justiça social*. São Paulo: Perspectiva, 2019.
DAVIS, Angela. *Mulheres, raça e classe*. São Paulo: Boitempo, 2016.
DEL PRIORE, Mary. *Ao sul do corpo: Condição feminina, maternidades e mentalidades no Brasil Colônia*. São Paulo: Ed. Unesp, 2009.
DIAS, Maria Odila. "Resistir e sobreviver". In: PINSKY, Carla Bassanezi; PEDRO, Joana Maria (Orgs.). *Nova história das mulheres no Brasil*. São Paulo: Contexto, 2012, pp. 360-81.
DONATH, Orna. *Mães arrependidas: Uma outra visão da maternidade*. Rio de Janeiro: Civilização Brasileira, 2017.
DONZELOT, Jacques. *A polícia das famílias*. 2. ed. Rio de Janeiro: Graal, 1986.
DUNKER, Christian. "Corporeidade em psicanálise: Corpo, carne e organismo". In: RAMIREZ, Heloísa; ASSADI, Tatiana C.; DUNKER, Christian. *A pele como litoral: Fenômeno psicossomático e psicanálise*. São Paulo: Annablume, 2011, pp. 87-132.
_____. "Economia libidinal da parentalidade". In: TEPERMAN, Daniela; GARRAFA, Thais; IACONELLI, Vera (Orgs.). *Parentalidade*. Belo Horizonte: Autêntica, 2020, pp. 39-53. (Coleção Parentalidade & Psicanálise, 1).
FEDERICI, Silvia. *Calibã e a bruxa: Mulheres, corpo e acumulação primitiva*. São Paulo: Elefante, 2017.

FEITOSA, Saulo Ferreira. *Pluralismo moral e direito à vida: Apontamentos bioéticos sobre a prática do infanticídio em comunidades indígenas no Brasil*. Brasília, DF: Universidade de Brasília, 2010. Dissertação (Mestrado em Ciências da Saúde).

FERNANDES, Estevão Rafael. *"Existe índio gay?": A colonização das sexualidades indígenas no Brasil*. 2. ed. Curitiba: Brazil Publishing, 2019.

FLAUBERT, Gustave. *Madame Bovary*. São Paulo: Abril, 2010.

FONSECA, Claudia. *Caminhos da adoção*. 2. ed. São Paulo: Cortez, 2002.

_____. "Mãe é uma só?: Reflexões em torno de alguns casos brasileiros". *Psicologia USP*, São Paulo, v. 13, n. 2, pp. 49-68, 2002.

_____. "Da circulação de crianças à adoção internacional: Questões de pertencimento e posse". *Cadernos Pagu*, Campinas, n. 26, 2006, pp. 11-43. Disponível em: <https://doi.org/10.1590/S0104-83332006000100002>.

_____. "Algumas reflexões em torno do 'abandono materno'". In: TORNQUIST, Carmen Susana et al. (Org.). *Leituras de resistência: Corpo, violência e poder*. Florianópolis: Mulheres, 2009, pp. 49-79.

FOUCAULT, Michel. "A ética do cuidado de si como prática da liberdade". In: _____. *Ditos e escritos: Ética, sexualidade e política*. Rio de Janeiro: Forense, 2004, pp. 264-87.

FREIRE, Maria Martha de Luna. *Mulheres, mães e médicos: Discurso maternalista no Brasil*. Rio de Janeiro: Ed. FGV, 2009.

FREUD, Anna. "Problems of Infantile Neurosis: A Discussion". In: *THE PSYCHOANALYTIC Study of the Child*, v. IX. Ed. por Ruth S. Eissler et al. Nova York: International Universities Press, 1954. Disponível em: <https://pep-web.org/browse/ijp/volumes/37?preview=IJP.037.0211B>.

FREUD, Sigmund. "Lettre de Freud à Mrs N. (1935)". In: _____. *Correspondance: 1873-1939*. Paris: Gallimard, 1967.

_____. *Edição standard brasileira das obras completas de Sigmund Freud*. Rio de Janeiro: Imago, 1970-7. 24 v.

_____. *A correspondência completa de Sigmund Freud para Wilhelm Fliess (1887-1904)*. Rio de Janeiro: Imago, 1986.

_____. *Além do princípio do prazer/ Jenseits des Lustprinzips*. Ed. bilíngue. Trad. e notas de Maria Rita Salzano Moraes. Belo Horizonte: Autêntica, 2020. (Coleção Obras Incompletas de Sigmund Freud).

_____. *Cultura, sociedade e religião: O mal-estar na cultura e outros escritos*. Belo Horizonte: Autêntica, 2020. (Coleção Obras Incompletas de Sigmund Freud).

GARRAFA, Thais. "Primeiros tempos da parentalidade". In: TEPERMAN, Daniela; GARRAFA, Thais; IACONELLI, Vera (Orgs.). *Parentalidade*. Belo Horizonte: Autêntica, 2020, pp. 55-70. (Coleção Parentalidade & Psicanálise, 1).

GAULTIER, Jules de. *Le Bovarysme : La psychologie dans l'œuvre de Flaubert*. Paris: Collection XIX, 1892.

GOLDGRUB, Franklin. *Édipo 3×4: Estruturalismo, linguística, antropologia, psicanálise*. São Paulo: Samizdat, 2010.

GOMES, Janaína Damaceno. *Os segredos de Virgínia: Estudo de atitudes raciais em São Paulo (1945-1955)*. São Paulo: Universidade de São Paulo, 2013. Tese (Doutorado em Antropologia Social).

GONÇALVES, Thomás Gomes. "Negação não psicótica da gravidez: Definições, especificidades e explicações". *Estudos e Pesquisas em Psicologia*, Rio de Janeiro, v. 14, n. 3, dez. 2014, pp. 1005-20. Disponível em: <http://pepsic.bvsalud.org/scielo.php?script=sci_arttext&pid=S1808-42812014000300017&lng= pt\nrm=iso>.

GONZALEZ, Lélia. *Por um feminismo afro-latino-americano*. Rio de Janeiro: Zahar, 2020.

GULLAR, Ferreira. *Na vertigem do dia*. São Paulo: Companhia das Letras, 2017.

HARAWAY, Donna. *O manifesto das espécies companheiras: Cachorros, pessoas e alteridade significativa*. Rio de Janeiro: Bazar do Tempo, 2021.

HEILBORN, Maria Luiza. "Usos e abusos da categoria de gênero". In: HOLLANDA, Heloísa Buarque de (Org.). *¿Y nosotras latinoamericanas?: Estudos sobre gênero e raça*. São Paulo: Fundação Memorial da América Latina, 1992, pp. 39-45.

HÉRITIER, Françoise. *Masculino feminino: O pensamento da diferença*. Lisboa: Instituto Piaget, 1996.

HILFERDING, Margarete; PINHEIRO, Teresa; VIANNA, Helena Besserman. *As bases do amor materno*. São Paulo: Escuta, 1991.

HOOKS, bell. *E eu não sou uma mulher?: Mulheres negras e feminismo*. Rio de Janeiro: Rosa dos Tempos, 2019.

HORNEY, Karen. *Feminine Psychology*. Nova York: W.W. Norton Company, 1973. [Ed. bras.: *Psicologia feminina*. Rio de Janeiro: Bertrand, 1991.] Disponível em: <https://www.sas.upenn.edu/~cavitch/pdf-library/Horney_Flight.pdf>.

HUA, Cai. *A Society Without Fathers or Husbands: The Na of China*. Nova York: Zone, 2001.

IACONELLI, Vera. "Maternidade e erotismo na modernidade: Assepsia do impensável na cena do parto". *Revista Percurso*, São Paulo, n. 34, 1º sem. 2005, pp. 77-84. Disponível em: <http://institutogerar.com.br/wp-content/uploads/2017/02/maternidade-e-erotismo-na-contemporaneidade.pdf>.

_____. *Mal-estar na maternidade: Do infanticídio à função materna*. 2. ed. São Paulo: Zagodoni, 2020.

_____. "Reproduções de corpos e sujeitos: A questão perinatal". In: TEPERMAN, Daniela; GARRAFA, Thais; IACONELLI, Vera (Orgs.). *Corpo*. Belo Horizonte: Autêntica, 2020, pp. 71-86. (Coleção Parentalidade & Psicanálise, 1).

IGANUS Ruth et al. "Roles and Responsibilities in Newborn Care in Four African Sites". *Tropical Medicine & International Health*, Oxford, v. 20, n. 10, 2015, pp. 1258-64. Disponível em: <https://www.ncbi.nlm.nih.gov/pmc/articles/PMC5008199/>.

INFANTE, Domingos Paulo. "O Outro do bebê: As vicissitudes do tornar-se sujeito". In: ROHENKOHL, Cláudia Mascarenhas Fernandes. (Org.). *A clínica com o bebê*. São Paulo: Casa do Psicólogo, 2000.

INSTITUTO FAZENDO HISTÓRIA. *Entre o singular e o coletivo: O acolhimento de bebês em abrigo*. São Paulo: IFH, 2011.

INTERNATIONAL LABOUR OFFICE; UNITED NATIONS CHILDREN'S FUND. *Child Labour: Global Estimates 2020, Trends and the Road Forward*. Nova York: ILO; UNICEF, 2021.

JERUSALINSKY, Julieta. *A criação da criança: Letra e gozo nos primórdios do psiquismo*. Salvador: Ágalma, 2011. (Coleção Calças Curtas, 7).

JESUS, Carolina Maria de. *Quarto de despejo: Diário de uma favelada*. 10. ed. São Paulo: Ática, 2014.

JESUS, Jaqueline Gomes de; ALVES, Hailey. "Feminismo transgênero e movimentos de mulheres transexuais". *Cronos*, Natal, v. 11, n. 2, 2012. Disponível em: <https://periodicos.ufrn.br/cronos/article/view/2150>.

KATZ, Ilana. "Infâncias: Uma questão para a psicanálise". In: SURJUS, Luciana Togni de Lima e Silva; MOYSÉS, Maria Aparecida Affonso (Orgs.). *Saúde mental infantojuvenil: Territórios, políticas e clínicas de resistência*. Santos: Unifesp; Abrasme, 2019, pp. 77-89.

KEHL, Maria Rita. *Deslocamentos do feminino: A mulher freudiana na passagem para a modernidade*. São Paulo: Boitempo, 2016.

_____. *Bovarismo brasileiro*. São Paulo: Boitempo, 2018.

KLÖPPEL, Bruna. *A produção da segurança da pílula anticoncepcional: Biomedicalização e gênero na ginecologia brasileira*. Porto Alegre: Universidade Federal do Rio Grande do Sul, 2021. Tese (Doutorado em Antropologia Social).

KOVEN, Seth; MICHEL, Sonya. "Womanly Duties: Maternalist Politics and the Origins of Welfare States in France, Germany, Great Britain, and the United States, 1880-1920". *The American Historical Review*, Bloomington, v. 95, n. 4, out. 1990, pp. 1076-108.

KOYAMA, Emi. "The Transfeminist Manifesto". *Eminism.org*, 2001. Disponível em: <http://eminism.org/readings/pdf-rdg/tfmanifesto.pdf>.

LACAN, Jacques. *O Seminário, livro 15: O ato psicanalítico*. Notas de curso, [1967]. Inédito.

_____. *O seminário, livro 20: Mais, ainda*. Rio de Janeiro: Zahar, 1985.

_____. *O seminário, livro 11: Os quatro conceitos fundamentais da psicanálise*. Rio de Janeiro: Zahar, 1985.

_____. *O seminário, livro 7: A ética da psicanálise*. Rio de Janeiro: Zahar, 1988.

_____. *O seminário, livro 8: A transferência*. Rio de Janeiro: Zahar, 1992.

_____. *O seminário, livro 4: A relação de objeto*. Rio de Janeiro: Zahar, 1995.

_____. *Escritos*. Rio de Janeiro: Zahar, 1998.

_____. "Nota sobre a criança". In: _____. *Outros escritos*. Rio de Janeiro: Zahar, 2003.

_____. *O mito individual do neurótico: Ou Poesia e verdade na neurose*. Rio de Janeiro: Zahar, 2008.

_____. *O seminário, livro 18: De um discurso que não fosse semblante*. Rio de Janeiro: Zahar, 2009.

_____. *Os não tolos vagueiam: Seminário 1973-1974*. Salvador: Espaço Moebius, 2016. Publicação não comercial.

LAQUEUR, Thomas. *Inventando o sexo: Corpo e gênero dos gregos a Freud*. Rio de Janeiro: Relume Dumará, 2001.

LARSEN, Eirinn. *Gender and the Welfare State: Maternalism — A New Historical Concept?* Noruega: Universidade de Bergen, 1996. Tese. Disponível em: <https://hdl.handle.net/1956/12869>.

LAZNIK, Marie-Christine. "Poderíamos pensar numa prevenção da síndrome autística?". In: WANDERLEY, Daniele de Brito (Org.). *Palavras em torno do berço*. Salvador: Ágalma, 1997, pp. 35-51. (Coleção de Calças Curtas, 1).

LAZNIK, Marie-Christine. *A voz da sereia: O autismo e os impasses na constituição do sujeito*. Salvador: Ágalma, 2004. (Coleção de Calças Curtas, 5).

LE BRETON, David. *Adeus ao corpo: Antropologia e sociedade*. Campinas: Papirus, 2003.

_____. *Antropologia do corpo e modernidade*. Petrópolis: Vozes, 2011.

LEAL, Maria do Carmo et al. "A cor da dor: Iniquidades raciais na atenção pré-natal e ao parto no Brasil". *Cadernos de Saúde Pública*, Rio de Janeiro, v. 33, n. 13, 2017, pp. 1-17. Disponível em: <https://www.scielo.br/j/csp/a/LybHbcHxdFbYsb6BDSQHb7H/abstract/?lang=pt>. Para ter acesso às análises estatísticas: <https://nascernobrasil.ensp.fiocruz.br/>.

LEITE, Miriam Lifchitz Moreira. *Outra face do feminismo: Maria Lacerda de Moura*. São Paulo: Ática, 1984.

LIMA, Rafael Alves. *A psicanálise na ditadura civil-militar brasileira (1964-1985): História, clínica e política*. São Paulo: Universidade de São Paulo, 2021. Tese (Doutorado em Psicologia Clínica).

LOBO, Elisabeth Souza. *Emma Goldman: A vida como revolução*. São Paulo: Brasiliense, 1983.

LOIOLA, Gracielle Feitosa; BERBERIAN, Thais Peinado. "Produção sociojurídica de famílias 'incapazes' e 'negligentes': Contradições face ao estado de desproteção social". In: FÁVERO, Eunice Teresinha (Org.). *Famílias na cena contemporânea: (Des)Proteção social, (des)igualdades e judicialização*. Uberlândia: Navegando Publicações, 2020, pp. 155-82.

MARTINS, Ana Paula Vosne. "Gênero e assistência: Considerações histórico-conceituais sobre práticas e políticas assistenciais". *História, Ciências, Saúde: Manguinhos*. Rio de Janeiro, v. 18, dez. 2011, supl. 1, pp. 15-34.

MEAD, Margaret. *Sexo e temperamento*. São Paulo: Perspectiva, 2015.

MINK, Gwendolyn. *The Wages of Motherhood: Inequality in the Welfare State, 1917-1942*. Ithaca, EUA: Cornell University Press, 1996.

MIRANDA, Jonathan Jelson; TIMO, Alberto Luiz Rodrigues; BELO, Fábio Roberto Rodrigues. "Crítica à Teoria da Maternidade em Winnicott: É preciso ser mulher para cuidar de crianças?". *Psicologia, Ciência e Profissão*, Brasília, v. 39, e176863, 2019. Disponível em: <http://www.

scielo.br/scielo.php?script=sci_arttext&pid=S141498932019000100140&lng=en&nrm=iso>.

MONCAU, Gabriela. "Sistema sexo-gênero (conceito)". In: *Enciclopédia de Antropologia*. São Paulo: Universidade de São Paulo, Departamento de Antropologia, 2018.

MOREIRA, Ana Carolina Saviolo. *Dizeres do indizível: reflexões sobre os discursos em torno do infanticídio indígena*. Campinas: Universidade Estadual de Campinas, 2018. Trabalho de Conclusão de Curso (Graduação em Ciências Sociais).

MOTT, Maria Lúcia. "Maternalismo, políticas públicas e benemerência (1930-1945)". *Cadernos Pagu*, Campinas, v. 16, 2001, pp. 199-234.

MOURA, Maria Lacerda de. *A mulher é uma degenerada*. São Paulo: Tenda de Livros, 2018.

NEPOMUCENO, Bebel. "Protagonismo ignorado". In: PINSKY, Carla Bassanezi; PEDRO, Joana Maria (Orgs.). *Nova história das mulheres no Brasil*. São Paulo: Contexto, 2012, pp. 382-409.

PACHECO, Ana Cláudia Lemos. *Branca para casar, mulata para f... e negra para trabalhar: Escolhas afetivas e significados de solidão entre mulheres negras em Salvador, Bahia*. Campinas: Universidade Estadual de Campinas, 2008. Tese (Doutorado em Ciências Sociais).

PERROT, Michelle. *Os excluídos da história*. Rio de Janeiro: Paz e Terra, 1988.

_____. "As crianças da Petite-Roquette". *Revista Brasileira de História*, São Paulo, v. 9, n. 7, 1989, pp. 115-28.

PLAN INTERNATIONAL BRASIL. *Tirando o véu: Estudo sobre casamento infantil no Brasil*. [S.l.]: Plan; Faculdade Latino-Americana de Ciências Sociais, 2019. Disponível em: <https://plan.org.br/wp-content/uploads/2019/07/Tirando-o-veu-estudo-casamento-infantil-no-brasil-plan-international.pdf>.

PORCHAT, Patrícia. "'Mãe-e-pai': Uma parentalidade não-binária". In: ASSUAR, Gisele; NUNES, Luana Viscardi; SILVA JR., Joaquim Pereira da (Orgs.). *Psicanálise, sexualidade e gênero: Um debate em construção*. São Paulo: Zagodoni, 2019. (Departamento Formação em Psicanálise, 5).

POSTMAN, Neil. *O desaparecimento da infância*. Rio de Janeiro: Graphia, 1999.

PRECIADO, Paul B. *Eu sou o monstro que vos fala: Relatório para uma academia de psicanalistas*. Rio de Janeiro: Zahar, 2022.

PRESGRAVE, Ana Beatriz Ferreira Rebello; HILDEBRAND, Cecília Rodrigues Frutuoso; PEIXOTO, Renata Cortez Vieira. "Pais que dão à luz: Como o direito brasileiro regulamenta o registro dos filhos de transgêneros?". Instituto Brasileiro de Direito da Família, 2021. Disponível em: <https://ibdfam.org.br/artigos/1652/Pais+que+dão+à+luz%3A+como+o+direito+brasileiro+regulamenta+o+registro+dos+filhos+de+transgêneros%3F>.

QUINET, Antonio. *A descoberta do inconsciente: Do desejo ao sintoma*. Rio de Janeiro: Zahar, 2018.

RACIONAIS MC'S. *Sobrevivendo no inferno*. São Paulo: Companhia das Letras, 2018.

RAGO, Margareth. *Do cabaré ao lar: A utopia da cidade disciplinar e a resistência anarquista – Brasil, 1890-1930*. São Paulo: Paz e Terra, 1985.

_____. *Entre a história e a liberdade: Luce Fabbri e o anarquismo contemporâneo*. São Paulo: Ed. Unesp, 2001.

REIS, João José; GOMES, Flávio dos Santos (Orgs.). *Revoltas escravas no Brasil*. São Paulo: Companhia das Letras, 2021.

RIBAS, Ana Claudia. *As sexualidades d'A Plebe: sexualidade, amor e moral nos discursos anarquistas do jornal A Plebe (1917-1951)*. Florianópolis: Universidade Federal de Santa Catarina, 2015. Tese (Doutorado em Ciências Humanas). Disponível em: <https://repositorio.ufsc.br/xmlui/bitstream/handle/123456789/160676/337785.pdf>.

ROSA, Miriam Debieux. "Passa anel: Famílias, transmissão e tradição". In: TEPERMAN, Daniela; GARRAFA, Thais; IACONELLI, Vera (Orgs.). *Parentalidade*. Belo Horizonte: Autêntica, 2020, pp. 23-37. (Coleção Parentalidade & Psicanálise, 1).

ROUSSEAU, Jean-Jacques. *Emílio ou Da educação*. Rio de Janeiro: Bertrand Brasil, 1995.

_____. *O contrato social*. São Paulo: Martins Fontes, 1996.

RUBIN, Gayle. "O tráfico de mulheres: Notas sobre a 'economia política' do sexo". In: _____. *Políticas do sexo*. São Paulo: Ubu, 2017, pp. 9-61. (Coleção Argonautas).

SAFATLE, Vladimir. "Em direção a um novo modelo de crítica: As possibilidades de recuperação contemporânea do conceito de patologia social". In: _____. *Patologias do social: Arqueologias do sofrimento psíquico*. São Paulo: Autêntica, 2018, pp. 7-31.

_____. "Estado suicidário, fascismo e problemas no uso político do conceito de pulsão de morte". In: TEPERMAN, Daniela; GARRAFA,

Thais; IACONELLI, Vera (Orgs.). *Tempo*. Belo Horizonte: Autêntica, 2021, pp. 137-54. (Coleção Parentalidade & Psicanálise, 5).

SAFATLE, Vladimir. SILVA JR., Nelson da; DUNKER, Christian (Orgs.). *Neoliberalismo como gestão do sofrimento psíquico*. Belo Horizonte: Autêntica, 2020.

SANGER, Margaret. *The Selected Papers of Margaret Sanger: The Woman Rebel, 1900-1928*. Org. Esther Katz; Cathy Moran Hajo; Peter C. Engelman. Illinois, EUA: University of Illinois Press, 2003. v. 1.

_____. *The Selected Papers of Margaret Sanger: Birth Control Comes of Age, 1928-1939*. Org. Esther Katz; Peter C. Engelman; Cathy Moran Hajo. Illinois, EUA: University of Illinois Press, 2007. v. 2.

_____. *The Selected Papers of Margaret Sanger: The Politics of Planned Parenthood, 1939-1966*. Org. Esther Katz; Cathy Moran Hajo; Peter C. Engelman. Illinois, EUA: University of Illinois Press, 2010. v. 3.

SEGATO, Rita. *O Édipo brasileiro: A dupla negação de gênero e raça*. Brasília, DF: Departamento de Antropologia, Universidade de Brasília, 2006. (Série Antropologia, n. 400).

_____. *Crítica da colonialidade em oito ensaios: E uma antropologia por demanda*. Rio de Janeiro: Bazar do Tempo, 2021.

_____. "Que cada povo teça os fios de sua história: Um diálogo tenso com a colonialidade legislativa 'dos salvadores' da infância indígena". In: _____. *Crítica da colonialidade em oito ensaios: E uma antropologia por demanda*. Rio de Janeiro: Bazar do Tempo, 2021, pp. 165-210.

SETÚBAL, Maria Silvia Vellutini et al. "Interrupção legal em gestações de fetos com patologias letais: Aspectos epidemiológicos e emocionais". *Revista de Saúde Sexual e Reprodutiva*, Rio de Janeiro, n. 11, maio de 2004, pp. 41-5.

SEVCENKO, Nicolau. *A Revolta da Vacina: Mentes insanas em corpos rebeldes*. São Paulo: Cosac Naify, 2010.

SILVERBERG, Cory; SMYTH, Fiona. *What Makes a Baby?* Nova York: Seven Stories Press, 2013.

SOLER, Colette. "A marca materna". In: TEPERMAN, Daniela; GARRAFA, Thais; IACONELLI, Vera (Orgs.). *Corpo*. Belo Horizonte: Autêntica, 2021, pp. 61-78. (Coleção Parentalidade & Psicanálise, 4).

SPITZ, René Arpad. *O primeiro ano de vida*. 2. ed. São Paulo: Martins Fontes, 2000.

STEIN, Conrad. *As erínias de uma mãe: Ensaio sobre o ódio*. São Paulo: Escuta, 1988.

TEPERMAN, Daniela Waldman. *Família, parentalidade e época: Um estudo psicanalítico*. São Paulo: Escuta; Fapesp, 2014.

_____. "Parentalidade para todos, não sem a família de cada um". In: TEPERMAN, Daniela; GARRAFA, Thais; IACONELLI, Vera (Orgs.). *Parentalidade*. Belo Horizonte: Autêntica, 2020, pp. 89-105. (Coleção Parentalidade & Psicanálise, 1).

_____. GARRAFA, Thais; IACONELLI, Vera (Orgs.). *Parentalidade*. Belo Horizonte: Autêntica, 2020. (Coleção Parentalidade & Psicanálise, 1).

TOLSTÓI, Liev. *Anna Kariênina*. São Paulo: Cosac Naify, 2006.

TREVATHAN, Wenda. "Primate Pelvic Anatomy and Implications for Birth". *Philosophical Transactions of the Royal Society B*, Londres, v. 370, n. 1663, 20140065, 2015. Disponível em: <http://doi.org/10.1098/rstb.2014.0065>.

VAN HAUTE, Philippe. "Eu não acredito mais na minha neurótica: Trauma e disposição após o abandono da teoria da sedução". *A PESTE: Revista de Psicanálise e Sociedade e Filosofia*, São Paulo, v. 2, n. 1, 2010, pp. 183-98.

_____; GEYSKENS, Tomas. *Psicanálise sem Édipo?: Uma antropologia clínica da histeria em Freud e Lacan*. Belo Horizonte: Autêntica, 2016.

VASCONCELOS, Desirée Cristina; FORMIGA, Fernanda Fernandes. "Rompendo o silêncio sobre violência obstétrica a partir do caso Alyne Pimentel". In: IX Seminário Internacional de Direitos Humanos da UFPB, 2016, João Pessoa. *Anais...* João Pessoa: Universidade Federal da Paraíba, 2017, pp. 2782-800. Disponível em: <https://www.cchla.ufpb.br/ncdh/wp-content/uploads/2017/11/IX-SIDH_Anais-Eletr%C3%B4nicos_24_11_17.pdf>.

VENETTE, Nicolas. *Conjugal Love; Or, The Pleasures of the Marriage Bed Considered in Several Lectures on Human Generation*. 20. ed. Londres: [s.n.], 1750.

VERHAGEN, Eduard; SAUER, Pieter J. J. "The Groningen Protocol: Euthanasia in Severely Ill Newborns". *The New England Journal of Medicine*, Boston, v. 352, n. 10, 2005, pp. 959-62. Disponível em: <http://www.nejm.org/doi/full/10.1056/NEJMp058026>.

VERUNSCHK, Micheliny. *O som do rugido da onça*. São Paulo: Companhia das Letras, 2021.

WILKINSON, Patrick. "The Selfless and the Helpless: Maternalism Origins of the US Welfare State". *Feminist Studies*, Washington, v. 25, n. 3, 1999, pp. 571-97.

WINNICOTT, Donald W. "O papel do espelho da mãe e da família no desenvolvimento infantil". In: _____. *O brincar e a realidade*. Rio de Janeiro: Imago, 1975, pp. 153-62.

_____. *Os bebês e suas mães*. São Paulo: Martins Fontes, 1996.

_____. "A preocupação materna primária". In: _____. *Da pediatria à psicanálise: Obras escolhidas*. Rio de Janeiro: Imago, 2000, pp. 399-405.

WOOLF, Virginia. *Um quarto só seu: E três ensaios sobre as grandes escritoras inglesas: Jane Austen, Charlotte & Emily Brontë e George Eliot*. Rio de Janeiro: Bazar do Tempo, 2021.

1ª EDIÇÃO [2023] 3 reimpressões

ESTA OBRA FOI COMPOSTA POR MARI TABOADA EM DANTE PRO E IMPRESSA EM OFSETE PELA GRÁFICA SANTA MARTA SOBRE PAPEL PÓLEN DA SUZANO S.A. PARA A EDITORA SCHWARCZ EM MAIO DE 2024

A marca FSC® é a garantia de que a madeira utilizada na fabricação do papel deste livro provém de florestas que foram gerenciadas de maneira ambientalmente correta, socialmente justa e economicamente viável, além de outras fontes de origem controlada.